In der Cornelsen Lernen App findest du viele Angebote für dieses Buch.
Achte in deinem Buch auf diese Zeichen:

▶ Hilfe   Hole dir **Hilfe** für eine Aufgabe in der App.

▶ Extra   Hole dir **extra** Material in der App.

▶ Quiz   Mache das **Quiz** in der App.
            Finde heraus, was du schon kannst.

▶ Audio   Höre das **Audio** in der App.

▶ Video   Sieh das **Video** in der App an.

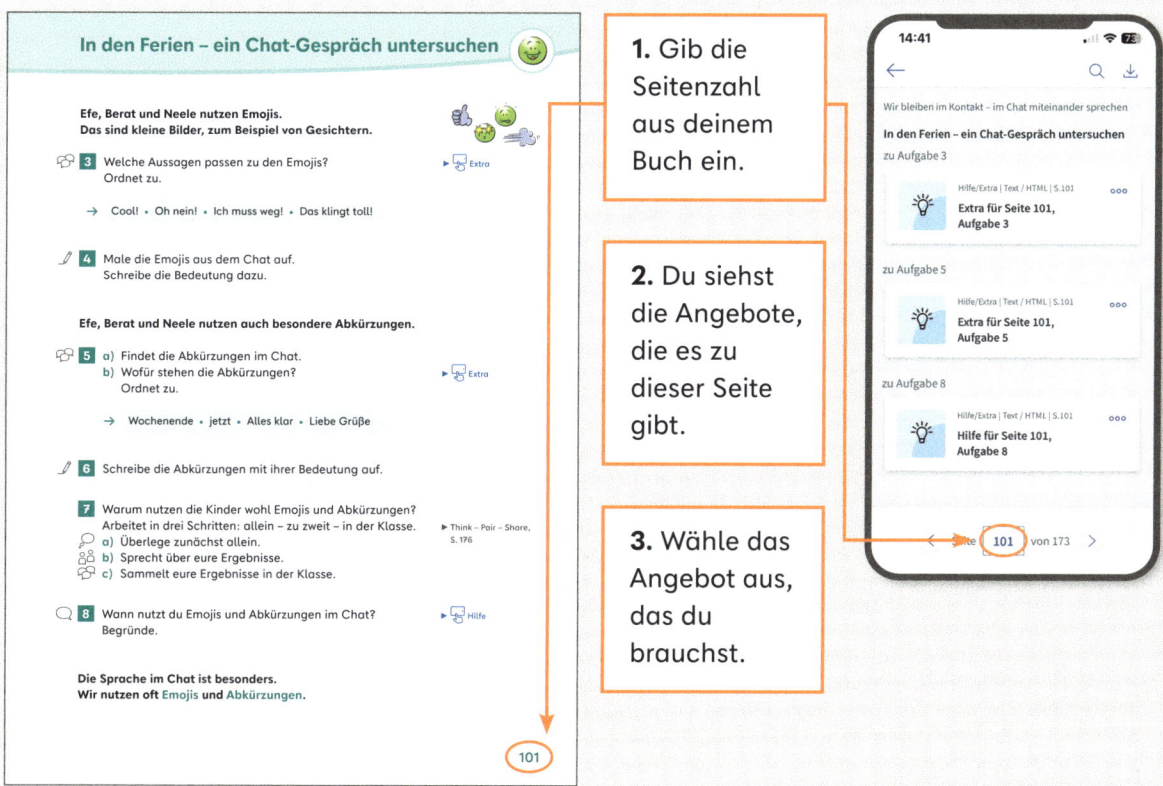

Klick!

Deutsch

Herausgegeben von
Dorothee Braun

Erarbeitet von
Nina Bähnk, Catherine Jaulgey, Jonas Kamp,
Martina Kolbe-Schwettmann, Michaela Krauß,
Barbara Maria Krüss, Silke Montag, Hanne Strehl,
Isabel Tebarth, Siegfried Wengert

 In der **Cornelsen Lernen App** findest du
passend zu deinem Deutschbuch

- Audios
- Videos
- digitale Hilfen und Extras
- interaktive Elemente

6

Cornelsen

Klick!
Deutsch

Ab Klassenstufe 6

Redaktion: Frederike Schlünder, Susanne Weidmann

Umschlaggestaltung: Anja Rosendahl, Berlin
Umschlagillustration: Nils Fliegner, Hamburg
Layout, Grafik und technische Umsetzung: Klein & Halm Grafikdesign, Berlin

Das Buch wurde teilweise erarbeitet auf der Grundlage der Ausgabe von Heide Luckfiel (Herausgeberin), Margret Angel, Nina Bähnk, Marie-Cäcilia Creutz-Völker, Michaela Greisbach, Waltraud Günther, August-Bernhard Jacobs, Wolfgang Kallis, Gabriele Klaßmann, Michael Kleinschnittger, Karin Köppen, Barbara Maria Kraft, Taina Krüger, Heide Luckfiel, Anke Schelkmann-Meyer, Benjamin Schmidt, Christina Seidel, Ernst Westermeier, Margarete Westermeier.

Begleitmaterial für Lernende zu Klick! Deutsch Klasse 6:
Arbeitsheft Schreiben/Lesen 6   978-3-06-062187-3
Arbeitsheft Rechtschreiben/Grammatik 6   978-3-06-062186-6
Schulbuch als E-Book mit Medien   1100031283
differenzierende Kopiervorlagen auf dem UMA Plus   1100031289

www.cornelsen.de

Soweit in diesem Lehrwerk Personen fotografisch abgebildet sind und ihnen von der Redaktion fiktive Namen, Berufe, Dialoge und Ähnliches zugeordnet oder diese Personen in bestimmte Kontexte gesetzt werden, dienen diese Zuordnungen und Darstellungen ausschließlich der Veranschaulichung und dem besseren Verständnis des Inhalts.

Die Cornelsen Lernen App ist eine fakultative Ergänzung zu Klick! Deutsch, die die inhaltliche Arbeit begleitet und unterstützt. Als solche unterliegt sie nicht der Genehmigungspflicht.
Die enthaltenen Links verweisen auf digitale Inhalte, die der Verlag bei verlagsseitigen Angeboten in eigener Verantwortung zur Verfügung stellt. Links auf Angebote Dritter wurden nach den gleichen Qualitätskriterien wie die verlagsseitigen Angebote ausgewählt und bei Erstellung des Lernmittels sorgfältig geprüft.
Für spätere Änderungen der verknüpften Inhalte kann keine Verantwortung übernommen werden.

Dieses Werk berücksichtigt die Regeln der reformierten Rechtschreibung und Zeichensetzung.
Die mit $\boxed{\text{V}}$ gekennzeichneten Texte sind aus didaktischen Gründen gekürzt und/oder verändert.

1. Auflage, 3. Druck 2025

Alle Drucke dieser Auflage sind inhaltlich unverändert und können im Unterricht nebeneinander verwendet werden.

Druck: Livonia Print, Riga

ISBN 978-3-06-062185-9

PEFC zertifiziert
Dieses Produkt stammt aus nachhaltig bewirtschafteten Wäldern und kontrollierten Quellen.
PEFC
PEFC/12-31-006   www.pefc.de

Inhaltsverzeichnis

Inhaltsverzeichnis

Inhaltsverzeichnis

Inhaltsverzeichnis

Inhaltsverzeichnis

In der Sporthalle –
miteinander sprechen

Die Klasse 6 ist in der Sporthalle.
Die Kinder arbeiten in Gruppen.
Sie bauen Stationen mithilfe von Anleitungen auf.

> Könnt ihr die Anleitung nicht lesen?
> Das Sprungbrett muss der Länge nach auf die Turnmatte.

1

> Das ist mal wieder typisch:
> Immer nur meckern!

> Du weißt ja immer
> alles besser.

2

Meint ihr, wir schaffen den Aufbau?

Warum fragst du?

Ich glaube schon.
Wir sind ja zu dritt!

👁 ③

1 **a)** Was machen die Kinder gerade in der Sporthalle?
   b) Worüber sprechen sie?
   c) Wie sprechen sie miteinander?

2 Kennt ihr ähnliche Situationen aus dem Sportunterricht
   oder aus dem Schulalltag? Beschreibt diese Situationen.

**In diesem Kapitel untersucht ihr, wie Gespräche gelingen.
Ihr übt Gesprächsregeln und ihr erkennt,
wie wichtig Zuhören und Nachfragen sind.**

Gespräche untersuchen – Regeln einhalten

Lukas, Sina und Efe brauchen für ihre Station zwei Langbänke, zwei Stangen und einen Ball.

▶  Audio

1 Sina: „Kommt, wir holen die Geräte."

2 Lukas: „Vergiss es!

3   Das klappt so nicht, weil ..."

4 Sina: „Was soll das?"

5 Lukas: „Hey, lass mich doch mal

6   ausreden!"

7 Efe: „Typisch Lukas, du willst wohl

8   nicht mit anpacken."

9 Lukas: „Doch! Aber lies doch mal

10   die Anleitung, Sina!"

11 Sina: „Na toll, jetzt bin ich schuld.

12   Warum machst du es nicht allein?"

13 Lukas: „Ach, lasst mich doch in Ruhe!

14   Ihr unterbrecht mich doch ständig."

15 Efe: „Klappe! Jetzt tragen wir gemeinsam

16   die Langbänke. Und basta!"

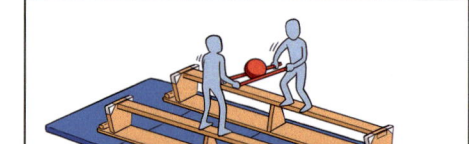

1 a) Was sagt Sina?
b) Was sagt Lukas?
c) Wie endet das Gespräch?

2 Lest das Gespräch mit verteilten Rollen.

3 Wie sprechen die Kinder miteinander?
Bewertet die Aussagen von Lukas, Sina und Efe.
Begründet eure Antwort.

→ freundlich – unfreundlich, höflich – unhöflich ...

Die Klasse hat Gesprächsregeln vereinbart.
Die Kinder wollen die Regeln einhalten.

Unsere Gesprächsregeln

Wir melden uns.

Wir lassen andere ausreden.

Wir hören anderen zu.

Wir sprechen freundlich.

4 Welche Gesprächsregeln hat die Klasse vereinbart?

5 Welche Regeln beachten Lukas, Sina und Efe nicht?
Arbeitet in drei Schritten: allein – zu zweit – in der Klasse.
a) Finde im Gespräch drei Stellen.
b) Vergleicht eure Ergebnisse.
c) Sammelt die Ergebnisse in der Klasse.

▶ Think – Pair – Share,
S. 172

6 Wie können die Kinder besser miteinander sprechen?
Spielt das Gespräch.

→ Ich wünsche mir, dass … • Ich möchte gern … •
Ich denke, dass … • Ich habe den Eindruck, dass … •
Ich finde unfair, dass … • Ich finde schade, dass … •
Kannst du bitte … • Danke, dass du … • Bitte lasst uns …

Aufmerksam zuhören und nachfragen

Auch Anna und Erik bauen eine Station auf.
Sie müssen dafür Stangen unter eine Langbank legen.

 Audio

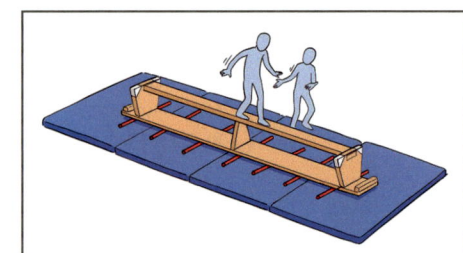

1 Anna: „Erik, was meinst du:

2   Wie viele Stangen soll ich holen?"

3 Erik: „Lass es uns erst mal

4   mit fünf Stangen versuchen.

5   Wir können noch mehr

6   Stangen holen,

7   wenn es zu wenig sind."

8 Anna: „Du meinst also, dass ich erst mal

9   fünf Stangen holen soll?"

10 Erik: „Ja, in der Anleitung steht, dass wir

11   fünf bis zehn Stangen brauchen."

12 Anna: „Ich fasse zusammen: Ich hole erst mal nur

13   fünf Stangen. Und wenn das nicht reicht,

14   holen wir weitere Stangen. Richtig?"

15 Erik: „Genau, so meinte ich das."

  1 **a)** Was will Anna von Erik wissen?
    b) Was antwortet Erik?

Anna fragt nach und hört Erik aufmerksam zu.
Sie wiederholt mit eigenen Worten, was Erik gesagt hat.
So kann Anna überprüfen, ob sie Erik richtig verstanden hat.

  2 Lest noch einmal die Zeilen 8 und 12.
    – Mit welchen Worten fragt Anna nach?
    – Wie zeigt Anna, dass sie Erik aufmerksam zuhört?

Aufmerksam zuhören und nachfragen

Gespräche gelingen, wenn wir aufmerksam zuhören und nachfragen. Dabei helfen diese Satzanfänge:

> Ich habe verstanden, dass …
>
> Verstehe ich dich richtig, dass …?
>
> Du meinst also, dass …?
>
> Ich sage es mal mit meinen Worten: …

Erik sagt:

„Lass es uns erst mal mit fünf Stangen versuchen.

Wir können noch mehr Stangen holen,

wenn es zu wenig sind.“

3 Wie könnt ihr Erik zeigen, dass ihr aufmerksam zuhört?
  a) Wählt eine Sprechblase mit einem Satzanfang aus.
  b) Vervollständigt den Satz.

Erik sagt auch:

„In der Anleitung steht, dass wir fünf bis zehn

Stangen brauchen. Ich denke, dass wir es deshalb

erst mal mit fünf Stangen probieren können.“

4 Wie könnt ihr Erik zeigen, dass ihr aufmerksam zuhört?
Macht es wie in Aufgabe 3.

Mit der folgenden Aufgabe könnt ihr das Zuhören üben.

5 Was gefällt euch am Sportunterricht, was nicht?
Bildet ein Kugellager.
  – Die Kinder im Außenkreis äußern ihre Meinung
    und begründen sie.
  – Die Kinder im Innenkreis hören zu. Sie wiederholen,
    was das Kind im Außenkreis gesagt hat.
Führt mehrere Runden durch. Tauscht die Rollen.

► Kugellager, S. 172

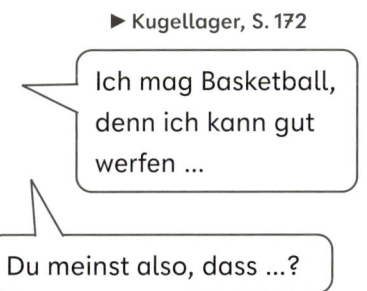

> Ich mag Basketball, denn ich kann gut werfen …
>
> Du meinst also, dass …?

Gespräche gestalten – Regeln anwenden

Mit den folgenden Aufgaben könnt ihr Gespräche üben.
 Arbeitet in 3er-Gruppen. Wählt (A) oder (B).

(A) Max, Sina und Tim bauen die Station Wippe auf. ▶  Audio

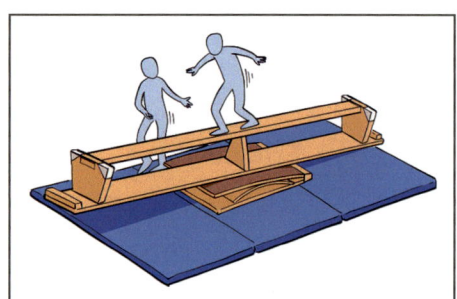

1 Tim: „Könnt ihr die Anleitung nicht lesen?
2   Das Sprungbrett muss der Länge nach
3   auf die Turnmatte."
4 Max: „Das ist mal wieder typisch:
5   Immer nur meckern!"
6 Sina: „Du weißt ja immer alles besser."
7 Tim: „Klappe! Helft mir endlich!"

1   Wie sprechen die Kinder miteinander?
Bewertet das Gespräch. Begründet eure Antwort.

2   Wie kann das Gespräch gelingen?
   a) Verbessert das Gespräch.
   b) Spielt das Gespräch.

(B) Ihr tauscht eure Meinungen aus und hört aufmerksam zu.

3   Was macht ihr gern in der Pause?
Tauscht euch darüber aus. Verteilt die Rollen:
– Das erste Kind sagt seine Meinung und begründet sie.
– Das zweite Kind hört zu und wiederholt.

→   • Ich habe verstanden, dass …
     • Du meinst also, dass …?
     • Verstehe ich dich richtig, dass …?
     • Ich sage es mal mit meinen Worten: …

– Das dritte Kind beobachtet und gibt ein Feedback.

4   Tauscht die Rollen.

Regeln vereinbaren und einhalten

Ihr habt Gespräche untersucht.
Ihr habt gemeinsam Gespräche geübt.

1 Welche Gesprächsregeln sind euch wichtig?
Arbeitet in drei Schritten: allein – zu zweit – in der Klasse.

▶ Think – Pair – Share, S. 172

▶ Hilfe

a) Überlege, welche Regeln dir wichtig sind.
b) Sprecht über eure Ergebnisse.
c) Sammelt die Regeln in der Klasse.
Tipp: Wenn ihr ein Plakat mit Gesprächsregeln habt,
könnt ihr die Regeln dort ergänzen.

Manche Sprüche sagen uns,
was für gute Gespräche wichtig ist.

2 Lest die Sprüche.

> Zuhören ist eine Kunst*,
> die man ständig
> verbessern muss.

> Freundlichkeit ist
> ein Bumerang**.
> Sie kommt zurück. V

* hier: eine Fertigkeit
** ein Bumerang:

3 Was sagen die Sprüche über gute Gespräche?
a) Wähle einen Spruch.
b) Begründe, warum die Aussage für dich passt.

Freundliche Worte tun uns gut.
Freundliche Worte können wir üben.

4 Was tut euch in der Klasse gut?
Wählt eine Idee aus oder sammelt eigene Ideen.

→
- täglich fünf freundliche Minuten planen
- am Tagesende gegenseitig loben
- mit einem Kompliment in das Wochenende verabschieden

Das mache ich gern! –
vor und zu anderen sprechen

Sina, Erik, Paul und Nola möchten die Klasse über Freizeit-Angebote informieren. Die Kinder üben, wie sie vor der Klasse sprechen.

Ich tanze gern zu Musik und bin in einer Hip-Hop-AG.

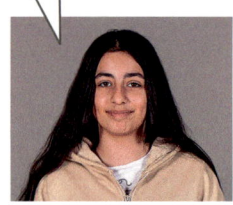

Sina

Erik

Jeden Donnerstag repariere ich freiwillig Fahrräder.

Paul

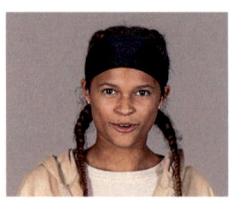

Nola

Wenn wir vor anderen sprechen, sprechen wir mit dem Gesicht (Mimik),
mit den Händen (Gestik) und mit dem ganzen Körper.

 1 a) Wie wirken Sina, Erik, Paul und Nola auf euch?
Achtet auf das Gesicht, die Hände und den Körper.

b) Was findet ihr hier gut gelungen?

→ freundlich, offen,
ruhig, entspannt
…
jemanden
ansehen, lächeln,
etwas halten,
etwas zeigen …

Ihr übt, vor anderen zu sprechen.
Ihr wiederholt die folgenden Übungen mehrmals.
Übt allein, zu zweit, in der Gruppe.

 2 Wählt eine Sprechblase.
Oder überlegt euch einen eigenen Satz.

Übung Ⓐ: Auf dein Gesicht achten

 3 Sprich deinen Satz von Aufgabe 2.
Mache ein freundliches Gesicht.
– Du kannst ein Kind aus der Klasse ansehen.
– Du kannst auch einen Punkt an der Wand gegenüber ansehen.

Übung Ⓑ: Auf deine Hände und deinen Körper achten

 4 Wähle einen Platz zum Vortragen.
– Versuche, mit dem Körper ruhig zu sein.
– Nimm ein Blatt Papier in die Hände. Halte es locker vor deinem Körper.
– Wiederhole deinen Satz.

In diesem Kapitel übt ihr das Vortragen vor anderen.
Ihr achtet dabei auf eure Stimme, euer Gesicht, eure Hände und
euren Körper. Anschließend gebt ihr euch ein Feedback.

Die Stimme trainieren

Nola und Paul möchten, dass alle sie gut verstehen.
Deshalb trainieren sie ihre Stimme.
Auch du kannst deine Stimme trainieren.

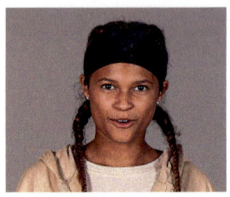

1 Ihr wiederholt die folgenden Übungen mehrmals:
a) Übe zuerst für dich allein.
b) Übt dann gemeinsam.
c) Tragt euch gegenseitig die Ergebnisse vor.

Übung (A): Wörter und Sätze deutlich sprechen

2 Wähle einen Satz.
Sprich alle Wörter in dem Satz laut und deutlich.

 Audio

→
- Acht alte Ameisen aßen am Abend Ananas.
- Leseratten lesen Lieblingsbücher in langen Lesenächten.
- Weil lustige Leute laufend lachen, lachen lustige Leute auch beim Laufen.

Übung (B): Mit Pausen sprechen

3 Übe die Pausen an einem Gedicht.
– Sprich das Gedicht laut und deutlich.
– Achte auf Sprechpausen.
Tipp: Du kannst die Zeichen auf einer Kopie ergänzen.

→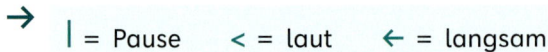

| = Pause   < = laut   ← = langsam

Ronald Rothenburger

📖 Schwimmnudel

1 Auf die Rutschbahn, flutsch, ins Becken,

2 es macht platsch und riesig Spaß.

3 Die Leute sitzen auf den Decken,

4 und manche liegen auch im Gras. [...] V

Schwimmnudel |
von Ronald Rothenburger

Auf die Rutschbahn |
flutsch | ins Becken, ...
          <

Feedback geben und annehmen

**Ihr habt eure Stimme trainiert. Nun sprecht ihr
vor der Klasse. Die Klasse gibt euch ein Feedback.**

1 Jedes Kind spricht vor der Klasse
– einen Satz von Übung (A).
– das Gedicht von Übung (B).

2 Was ist schon gut? Lobt euch gegenseitig.

→
- Mir gefällt, dass du …
- Ich finde, du hast …
- Gut finde ich, dass …

> Mir gefällt, dass du Pausen gemacht hast. So konnte ich leichter zuhören.

3 Was könnt ihr noch verbessern? Gebt Tipps.

→
- Achte beim nächsten Mal auf …
- Mir ist aufgefallen, dass du … Ich schlage vor …

> Versuche beim nächsten Mal, langsamer zu sprechen.

**Nola und Paul achten beim Vortragen auf ihr Gesicht,
ihre Hände und ihren Körper. Mache es wie Nola und Paul.**

4 Wähle eine der folgenden Begrüßungen.
Sprich deutlich vor der Gruppe.
– Mache ein freundliches Gesicht.
– Versuche, mit dem Körper ruhig zu sein.
– Halte ein Blatt Papier in den Händen.

→
- Ich begrüße euch. Mein Name ist …
  Ich stelle euch ein neues Freizeit-Angebot vor.

- Hallo! Ich bin … Ich informiere euch heute
  über ein besonderes Freizeit-Angebot.

5 Gebt euch gegenseitig ein Feedback:
Was ist schon gut? Was könnt ihr noch verbessern?

> Schön, dass du gelächelt hast. Dein Gesicht hat sehr freundlich gewirkt.

Das Vortragen üben

Paul möchte das Vortragen üben.
Er hat wichtige Informationen über ein Freizeit-Angebot
notiert. Diese Notizen helfen Paul.

 1 **Was** sagt Paul? Lest die Sprechblasen.

> Ich informiere euch über die Fahrrad-Werkstatt
> an unserer Schule.
> Wir treffen uns jeden Donnerstag von 15 bis 18 Uhr
> auf dem Schulhof.

1
– *Fahrrad-Werkstatt*
– *jeden Donnerstag,*
  15–18 Uhr
– *auf dem Schulhof*

> In der Fahrrad-Werkstatt reparieren wir Fahrräder.
> Wir flicken zum Beispiel Schläuche oder
> ölen die Kette.

2
– *Fahrräder reparieren*
– *zum Beispiel*
  Schläuche flicken
  und die Kette ölen

2 Entscheide dich für Aufgabe 3 oder 4.

 3 Schreibe die Notizen von Paul ab.
Du nutzt die Notizen für deinen Vortrag.

☆ **4** Mache eigene Notizen zu einem Freizeit-Angebot.
Beantworte dazu die Fragen:
– Was ist das Freizeit-Angebot?
– Wann findet es statt?
– Wo findet es statt?
– Was genau kannst du dort machen?

▶ Notizen machen,
S. 177

Du kannst das Vortragen allein üben.

💬 **5** **Wie** könnte Paul vortragen?
Übe für dich. Achte dabei auf deine Stimme.
Verwende deine Notizen.

! Sprich laut und deutlich.
Mache Sprechpausen

Das Vortragen üben und auswerten

Ihr könnt das Vortragen gemeinsam üben.
Ihr achtet auch auf euer Gesicht,
eure Hände und euren Körper.

 1 **a)** Übt den Vortrag gemeinsam.
Achtet darauf, **wie** ihr sprecht.

    b) Gebt euch ein Feedback:
Was ist schon gut?
Was könnt ihr noch verbessern?

> **!** Sprich laut und deutlich.
> Mache Sprechpausen

2 **a)** Übt den Vortrag noch einmal.
Achtet nun auf euer Gesicht,
eure Hände und euren Körper.

    b) Gebt euch ein Feedback.

> **!** Versuche, mit dem Körper
> ruhig zu sein.
> Blicke freundlich.

3 **a)** Bildet eine 4er-Gruppe.

    b) Haltet den Vortrag – allein oder zu zweit.

    c) Gebt euch ein Feedback.

Ihr habt das Vortragen vor anderen geübt.
Ihr habt dazu ein Feedback bekommen.

4 Macht ein Partner-Interview.
   – Ein Kind stellt die Fragen.
   – Das andere Kind antwortet.
   – Tauscht danach die Rollen.

→ • Was war neu für dich?
   • Was kannst du jetzt?
   • Was möchtest du weiter üben?

> Ich achte jetzt bewusst
> auf mein Gesicht.

> Manchmal spreche ich noch
> zu schnell und ohne Pausen.
> Das möchte ich weiter üben.

Die Olympischen Spiele –
Sachtexte lesen mit Strategie

Die Olympischen Spiele* finden alle vier Jahre statt.
Es gibt Olympische Sommerspiele und Olympische Winterspiele.

* sprich: Olümpische Spiele

① Tokyo 2020 (Japan), 200 m Delfin-Schwimmen

② Vancouver 2010 (Kanada), Eisschnelllauf

③ die olympische Flagge

④ Paris 2024 (Frankreich), 10 000-Meter-Lauf

⑤ Tokyo 2020 (Japan), Taekwondo

 6

Paris 2024 (Frankreich),
Fans beim Basketball

7

Vancouver 2010 (Kanada),
Vierer-Bob

→ die Zuschauer,
die Fans, jubeln ...

der Wettkampf –
die Wettkämpfe,
der Kampfsport,
laufen – der Lauf,
schwimmen – die
Schwimmbahn,
starten –
der Startschuss,
eislaufen – das Eis,
Bobfahren –
der Bob, der Helm
...

1 Was entdeckt ihr auf den Bildern?

Bild 1 zeigt ...
Ich sehe auf Bild ...

2 Was wisst ihr schon über die Olympischen Spiele?
Arbeitet in drei Schritten: allein – zu zweit – in der Klasse.
a) Überlege, was du über die Olympischen Spiele weißt.
b) Sprecht über eure Ergebnisse.
c) Sammelt eure Ergebnisse in der Klasse.

▶ Think – Pair – Share,
S. 172

Ich habe schon einmal
olympische Wettkämpfe
geschaut ...

Viele verschiedene Wettkämpfe erfolgen in diesen Sportarten:

 A  **B**  **C**  **D**  **E**  **F**

→ Fußball
Schwimmen
Geräteturnen
Leichtathletik
Radsport
Reiten

3 **a)** Welche Sportarten zeigen die Bilder?
b) Welche weiteren olympischen Sportarten kennt ihr?

In diesem Kapitel informiert ihr euch über die Olympischen Spiele.
Ihr lest Sachtexte mit dem Lese-Profi.

Die Olympischen Spiele – lesen mit Strategie

Elin und Tom haben im Unterricht über die Olympischen Spiele
im antiken Griechenland gelesen.
Sie möchten mehr wissen.

 1 Lest den Sachtext mit dem Lese-Profi.

 1 **Vor dem Lesen** ▶ Lese-Profi, S. 166

a) Ich sehe mir die Bilder an. Was sagen sie mir? ▶ 📱 Video
b) Ich lese die Überschrift. Was könnte in dem Text stehen?
c) Ich sehe mir den ganzen Text an.
   – Wie viele Abschnitte hat er?
   – Welche **Schlüsselwörter** erkenne ich?

📖 Die Olympischen Spiele ▶ 📱 Audio

1 **Die Spiele der Antike**
2 Die Olympischen Spiele gehören
3 zu den **größten Sport-Wettbewerben der Welt**.
4 Sie sind **fast 3 000 Jahre** alt.
5 Zum ersten Mal fanden diese Spiele
6 in Olympia statt, einem Ort in **Griechenland**.

7 **Die Spiele heute**
8 Heute sind die Olympischen Spiele
9 **alle vier Jahre** in einem anderen Land.
10 **Sportlerinnen und Sportler aus vielen Ländern**
11 nehmen teil.

12 Bei den Olympischen Sommerspielen **2020**
13 waren beispielsweise **über 11 000 Athleten**
14 **aus 200 Ländern** dabei.
15 Die Athleten verglichen ihre Kräfte in **mehr als**
16 **33 verschiedenen Sportarten**, den Disziplinen.

17 Manchmal kommen neue Sportarten dazu und
18 andere Sportarten fallen weg.

19 **Die olympische Idee**

20 Die Olympischen Spiele sollen auch heute

21 **ein Zeichen für Frieden** sein.

22 Ein Symbol dafür ist **das olympische Feuer**.

23 Es brennt während der Wettkämpfe im Stadion.

24 Ein weiteres Symbol ist **die olympische Flagge**.

25 Die **fünf Ringe** stehen für die Kontinente:

26 Europa, Afrika, Amerika, Asien, Australien.

27 Aus den **Farben** der Ringe und der weißen Flagge

28 können **alle Nationalflaggen** gebildet werden.

 2 Beim Lesen

▶ Lese-Profi, S. 166

a) Ich lese die **Schlüsselwörter**.
   Was verraten sie mir über die Olympischen Spiele?

▶  Video

b) Ich lese den Text einmal durch. Was weiß ich jetzt?

c) Ich lese den Text genau. Was steht in den Abschnitten?

▶ Quiz

Manche Wörter sind schwer zu verstehen.

2 Welche Wörter versteht ihr nicht? Klärt die Bedeutung.

▶ Unbekannte Wörter klären, S. 173

3 Was wisst ihr jetzt über die Olympischen Spiele?
Macht ein Ketten-Interview:
Ein Kind stellt eine Frage, ein anderes Kind antwortet.

Wofür stehen die fünf Ringe?

Wo …?

Wann …?

 3 Nach dem Lesen

Ich kann etwas zum Text aufschreiben.

4 Was findest du wichtig und interessant?
Notiere zu jedem Abschnitt Wörter und
Wortgruppen.
Tipp: Die **Schlüsselwörter** helfen dir.

Die Olympischen Spiele

(1) Die Spiele der Antike

…

Die Olympischen Spiele – Sachtexte lesen

In den folgenden Sachtexten erfährst du mehr
über die Olympischen Spiele.

 1 Welcher Text interessiert dich am meisten?
a) Wähle aus.
b) Lies den Text mit dem Lese-Profi.

▶ Lese-Profi, S. 166

 ▶ Video

📖 Die Paralympischen Spiele

1 Die Paralympischen Spiele sind
2 die Olympischen Spiele **für Sportlerinnen und**
3 **Sportler mit Behinderung**.
4 Die Spiele beginnen kurz nach
5 den Olympischen Spielen in derselben Stadt.

6 Bei den Wettkämpfen gibt es **verschiedene**
7 **Gruppen**, zum Beispiel Menschen mit
8 Seh-Behinderung oder Menschen,
9 die im Rollstuhl sitzen. Nur so ist ein **fairer**
10 **Vergleich der sportlichen Leistung** möglich.

11 **Zum ersten Mal** fanden die Paralympischen Spiele
12 **1960** statt. Die Grafik zeigt die Anzahl der Athleten.

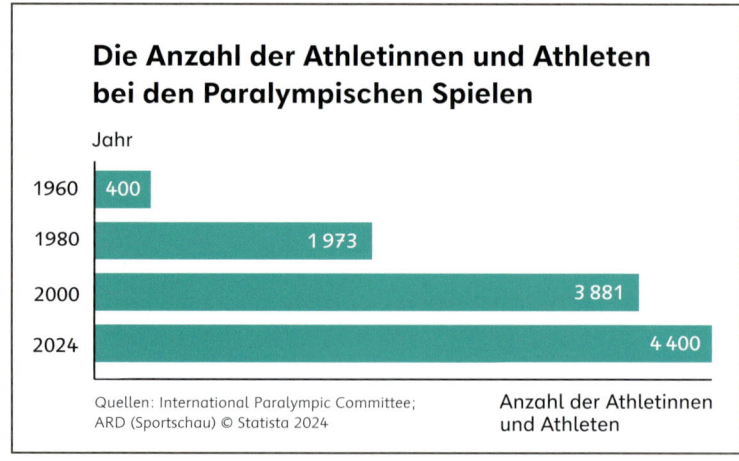

Die Anzahl der Athletinnen und Athleten bei den Paralympischen Spielen

Jahr

Jahr	Anzahl der Athletinnen und Athleten
1960	400
1980	1 973
2000	3 881
2024	4 400

Quellen: International Paralympic Committee;
ARD (Sportschau) © Statista 2024

Anzahl der Athletinnen
und Athleten

 ▶ Quiz

📖 Das olympische Feuer

1 Wenn die Olympischen Spiele stattfinden, **brennt**
2 **im Stadion** ein Feuer, **das olympische Feuer**.
3 Es wird **in Olympia** mit einem Spiegel **entzündet**.

4 **Sportlerinnen und Sportler** bringen das Feuer
5 in einem **Staffel-Lauf** in die Stadt,
6 wo gerade die Olympischen Spiele stattfinden.
7 Das **Feuer darf** auf dem Weg und während
8 der Spiele **nicht ausgehen**. Deshalb werden
9 **zur Sicherheit** immer **mehrere Flammen**
10 mitgenommen. ▶ 📱 Quiz

📖 Gewinnen um jeden Preis?

1 **Gesunder Sport**
2 **Sport** ist im Alltag **gesund**. Bewegung **stärkt**
3 **das Herz** und **den Kreislauf**. Wer Sport macht,
4 kräftigt auch **die Muskeln** und **das Skelett**.

5 **Hartes Training**
6 Bei den Olympischen Spielen werden **Rekorde**
7 erwartet. Auch die Athleten wollen
8 **Höchstleistungen zeigen**. Dafür **trainieren** sie,
9 selbst wenn sie **Schmerzen** haben. Oft **nehmen** sie
10 **Medikamente**, damit sie den Schmerz nicht spüren.

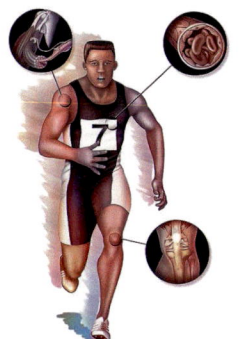

11 **Verbotene Mittel**
12 Manche Mittel können **die Leistung** im Sport
13 stark **steigern**. Wenn Sportlerinnen oder Sportler
14 diese Mittel einnehmen, nennen wir das **Doping**.
15 Doping ist **verboten**, weil die sportliche Leistung
16 und die Ergebnisse nicht mehr vergleichbar sind.
17 Doping kann auch **tödlich** sein. ▶ 📱 Quiz

Informationen sammeln und ordnen

Ihr habt Sachtexte zu den Olympischen Spielen gelesen.

 1 Welche Wörter versteht ihr nicht?
Klärt sie gemeinsam.

▶ Unbekannte Wörter klären, S. 173

 3 **Nach dem Lesen**

Ich kann etwas zum Text aufschreiben.

▶ Lese-Profi, S. 166

▶ Video

 2 Was findest du wichtig und interessant?
– Wähle den passenden Zettel aus und ergänze ihn.
– Notiere zu jedem Abschnitt Wörter oder Wortgruppen.
Tipp: Die **Schlüsselwörter** helfen dir.

Die Paralympischen Spiele

– für Sportlerinnen und Sportler mit Behinderung
– ...

Das olympische Feuer

– brennt im Stadion
– ...
– ...

Gewinnen um jeden Preis?

(1) Gesunder Sport
...

---

 3 **a)** Bildet zu jedem Thema eine Gruppe.
b) Überprüft eure Informationen:
Habt ihr alles richtig verstanden und notiert?

**Ihr könnt die anderen mit einem Plakat
über euer Thema informieren.**

▶ Ein Plakat gestalten, S. 176

4 Was finden die anderen interessant?
– Wählt Informationen aus.
– Schreibt die Informationen auf weiße Blätter.
Schreibt groß und gut lesbar.

Ein Plakat gestalten

Ihr gestaltet ein Plakat mit euren Informationen.

 1 Wie soll das Plakat aussehen?
- **a)** Ordnet eure Informationen übersichtlich an.
  Tipp: Ihr könnt passende Bilder ergänzen.
- **b)** Findet eine passende Überschrift.

 2 Hängt die Plakate im Klassenraum auf.

 3 Informiert euch allein, zu zweit oder in der Gruppe.
- Seht die Plakate aufmerksam an.
- Nehmt euch Zeit und lest die Informationen.

Ihr gebt euch ein Feedback zu den Plakaten.

 4 **a)** Was ist gut gelungen?
- **b)** Was könnt ihr besser machen?

> Das gefällt mir: Ich kann die Informationen gut verstehen.

> Die Überschrift ist schön bunt, aber etwas klein. Schreibt sie beim nächsten Mal größer.

Du hast Sachtexte mit dem Lese-Profi gelesen.

 5 Überlege zum Schluss:
- Was kann ich jetzt?
- Worauf bin ich stolz?

> Ich kann jetzt …

> Darauf bin ich stolz: …

→ mithilfe der Überschrift vermuten, was in dem Text steht •
die Abschnitte in einem Text erkennen • einen längeren Text lesen •
unbekannte Wörter klären • wichtige Informationen erkennen •
andere über den Inhalt informieren • ein Plakat gestalten …

Unsere Freizeit –
Gebrauchstexte lesen

Erik, Milo, Sina und Nora gehen in die Pause.
Sie sehen die Aushänge für neue Freizeit-Angebote.

> Ich habe am Dienstag immer Zeit.
> Welche Angebote kann ich wählen?

> Ich spiele gern Theater.
> Wo muss ich hin?

  1

Neue Angebote für eure Freizeit!

Jeden Dienstag und Mittwoch

Hip-Hop-Kurs in der Sporthalle
Wer sich gerne bewegt,
ist hier richtig.
Ihr probt neue Tänze.

Graffiti-Schnupperkurs
Im Kunstraum gestaltet ihr
kreative Bilder und lernt
neue Techniken.

Theater in der Aula
Verkleidet ihr euch gern?
Steht ihr gern auf der Bühne?
Dann kommt vorbei!

② Ausflug!

Am letzten Samstag im März
geht es los: Unsere Fahrt
in den Freizeitpark
Abenteuerland!

Wir werden dort
den ganzen Tag verbringen.
Ein Bus bringt uns dorthin.

> Auf den Ausflug möchte ich
> unbedingt mit. Wann ist er?

> Ich mache gern etwas
> Praktisches mit den Händen.
> Was kann ich wählen?

③ Fahrrad-Werkstatt

Unsere Fahrrad-Werkstatt
öffnet wieder.
Wir suchen noch Freiwillige,
die beim Reparieren helfen.
Wer hat Lust?

Wann? jeden Donnerstag
zwischen 15 und 18 Uhr
Wo? im Schuppen auf dem Hof

1 Welche Freizeit-Angebote entdeckt ihr?

2 Was fragen die Kinder?
Was könnt ihr antworten?

3 a) Welches Angebot macht dich neugierig? Begründe.
   b) Was erfährst du über das Angebot?
      Was möchtest du noch wissen?

**In diesem Kapitel informiert ihr euch über Freizeit-Angebote.
Ihr macht Notizen und haltet einen Vortrag.**

Gebrauchstexte lesen

Nora und Milo freuen sich über die Freizeit-Angebote.

Ich bin gern in der Natur.

Ich möchte bei einem Ausflug etwas erleben.

 1 **a)** Welches Angebot ist für Milo interessant, welches für Nora?
b) Woran habt ihr das erkannt?

---

①

Ausflug in den Freizeitpark

Wann?

Am Samstag, 25.3., startet um 9 Uhr der Ausflug in den Freizeitpark.
Nach einem erlebnisreichen Tag kommen wir um 17 Uhr zurück.

Wo?

Wir treffen uns an der Schule. Der Bus holt uns hier ab.
Nach einer Fahrzeit von zwei Stunden sind wir am Freizeitpark.

Was genau?

Wir erkunden den Freizeitpark in Gruppen. Um 13 Uhr machen wir
gemeinsam eine Pause. Alle erhalten ein Essenspaket von der Schule.

Wichtig:

Wir fahren auch bei Regen! Denkt an wasserfeste Kleidung.

---

②

Wir gestalten unser grünes Klassenzimmer

Hast du viele Ideen? Arbeitest du gern in der Natur?
Magst du auch schlechtes Wetter? Dann komm zu uns:

Wann?	jeden Freitag von 13 bis 16 Uhr
Wo?	am Schuppen neben der Schule
Was genau?	– Wir planen Sitzbänke für das grüne Klassenzimmer. – Wir gestalten einen Barfuß-Pfad. – Wir pflanzen frische Kräuter und Gemüse.

Wichtig: Du brauchst alte Kleidung, die schmutzig werden darf.

Milo möchte sich informieren.

Wann ist der Ausflug?

2 Wo findet ihr die Antwort auf die Frage?
Was hilft euch dabei?

3 a) Findet auch die Antworten auf diese Fragen.
b) Schreibt alle Antworten an die Tafel.

Wo treffen wir uns?

Was genau machen wir?

Woran muss ich denken?

> Was? Ausflug in
> den Freizeitpark
> Wann? ...
> Wo? ...
> Was genau? ...
> Wichtig: ...

Auch Nora möchte sich informieren.

Wann ...?

Was genau ...?

Wo ...?

Woran muss ich denken?

4 Was möchte Nora wissen?
Formuliert die Fragen. Schreibt sie an die Tafel.

5 Lies das Angebot für Nora.
Achte auf die Abschnitte.

> Was? ...
> Wann? ...
> Wo? ...
> Was genau? ...
> Wichtig: ...

6 a) Finde die Antwort auf jede Frage.
b) Schreibe die Antworten auf eine Karteikarte.

Freizeit-Angebote – ich informiere mich

In der Freizeit können wir unterschiedliche Dinge tun.

 1 Welche Angebote können Erik und Sina wählen?
Verschaffe dir einen Überblick.
- Sieh dir die Bilder an.
- Lies die Überschriften.

2 **a)** Welches Angebot macht dich neugierig? Wähle aus.
b) Lies das Angebot genau. ▶ Lese-Profi, S. 166

 ①

Angebot: Hip-Hop

Wenn du Lust auf Hip-Hop hast, sei dabei.
Alle sind willkommen!

Zeit	jeden Dienstag, 15:00–17:30 Uhr
Ort	in der Sporthalle

Wir bewegen uns bei Musik und
lernen gemeinsam einen Tanz.
Du brauchst keine Erfahrungen im Tanzen.
Für das Sommerfest der Schule planen wir eine Aufführung.
Die Teilnahme ist freiwillig. Hauptsache, du hast Spaß!
Bitte denke daran: Komm zum Training in Sportkleidung
und bring eine Trinkflasche mit.

 ②

Graffiti

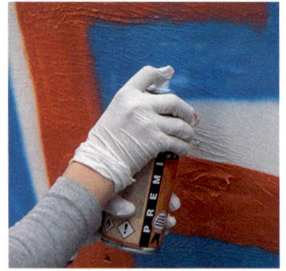

Wir treffen uns jeden Dienstag
von 15 bis 17 Uhr im Kunstraum.
Du lernst bei uns das Wichtigste zum Sprühen.
Du wählst ein eigenes Graffiti und gestaltest es.
Wichtig: Zieh nicht deine beste Kleidung an.
Am Ende des Schuljahres dürfen wir
eine Schulwand auf dem Pausenhof besprühen.

 (3)

Die Fahrrad-Werkstatt öffnet wieder!

Wir suchen Freiwillige, die jeden Donnerstag zwischen 15 und 18 Uhr
Lust am Reparieren haben. Wir flicken Schläuche, ölen die Bremsen,
verstellen Sättel und bauen Ersatzteile ein.
Werkzeug gibt es bei uns genug.
Schülerinnen und Schüler mit Erfahrung helfen dir.
Bring alte Kleidung mit,
da du bei uns schmutzig wirst.
Wir haben einen Umkleideraum.

Achtung: Sonderaktion am
24.7. auf dem Schulhof!

Wir versteigern reparierte Fahrräder!
Der Einstiegspreis liegt bei 5 Euro.
Kennst du jemanden, der ein altes Fahrrad loswerden möchte?
Dann gib uns Bescheid.

---

3 **Nach dem Lesen**

Ich kann etwas zu dem Angebot aufschreiben.

▶ Lese-Profi, S. 166

▶  Video

 3 Finde die Antwort auf jede Frage.
Schreibe die Antworten auf eine Karteikarte.

▶ Notizen machen,
S. 177

→ Was? • Wann? • Wo? • Was genau? •
Woran muss ich denken?

4 Warum hast du das Angebot gewählt? Begründe.
Schreibe auf eine Karteikarte.

▶ Hilfe

→ • Mir gefällt das Angebot, weil ...
• Ich habe das Angebot gewählt, weil ...
• Ich finde das Angebot gut, weil ...

Einen Vortrag üben und halten

Ihr habt euch über verschiedene Freizeit-Angebote informiert.
Ihr habt ein Angebot ausgewählt.

1 Bildet Gruppen zu jedem Angebot.

→ Hip-Hop
Graffiti
Fahrrad-Werkstatt

2 Ihr überprüft in der Gruppe die gesammelten Informationen.
– Vergleicht eure Notizen.
– Ergänzt bei Bedarf Informationen.
– Markiert wichtige Wörter.

Ihr informiert die Klasse in einem Vortrag.
Nora und Erik überlegen, wie sie den Vortrag einleiten.

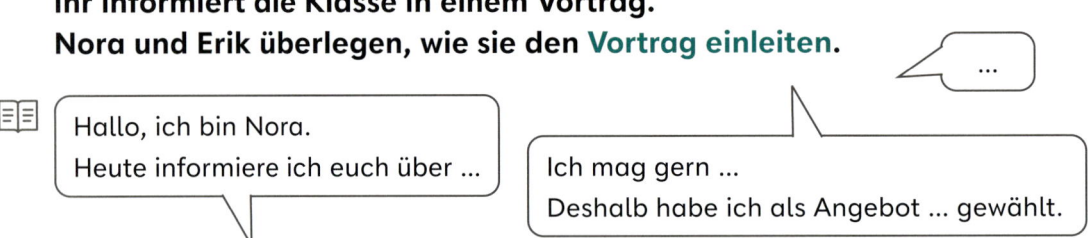

Hallo, ich bin Nora.
Heute informiere ich euch über ...

...

Ich mag gern ...
Deshalb habe ich als Angebot ... gewählt.

3 Wie wollt ihr den Vortrag **einleiten**?
a) Formuliert Sätze.
b) Entscheidet euch für eine Formulierung.
Schreibt diese auf eine Karteikarte.

Nora und Erik überlegen auch, wie sie den Vortrag beenden.

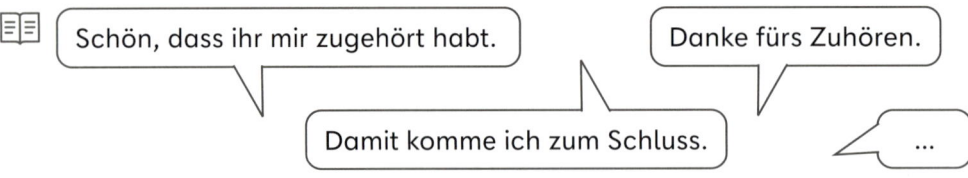

Schön, dass ihr mir zugehört habt.

Danke fürs Zuhören.

Damit komme ich zum Schluss.

...

4 Wie wollt ihr den Vortrag **beenden**?
a) Formuliert Sätze.
b) Entscheidet euch für eine Formulierung.
Schreibt diese auf eine Karteikarte.

Einen Vortrag üben und halten

**Du möchtest dein Freizeit-Angebot
den anderen aus der Klasse vorstellen.**

💬 **5** **Was** möchtest du sagen?
Übe den Vortrag zuerst für dich allein.

👥 **6** **a)** Übt den Vortrag dann abwechselnd.
– Ein Kind trägt vor, die anderen beobachten.
– Verteilt die Beobachtungspunkte.

→ • Du hast deinen Vortrag eingeleitet und beendet.
• Du hast das Angebot genannt und die Auswahl
begründet.
• Du hast genannt, wann und wo das Angebot
stattfindet.

b) Gebt euch gegenseitig ein Feedback.
Was war schon gut? Was könnt ihr noch verbessern?

👥 **7** Bildet neue 4er-Gruppen.
Achtet darauf, dass in jeder Gruppe
verschiedene Freizeit-Angebote sind.

💬 **8** Informiert euch gegenseitig.
Verwendet eure Notizen.
Die anderen beobachten und hören genau zu.

**Du hast dich über Freizeit-Angebote informiert.
Du hast einen Vortrag gehalten und deine Meinung begründet.**

✏ **9** Denke über deine Arbeit nach.
Beende die Sätze und schreibe sie auf.

→ • Ich kann jetzt ...
• Ich bin stolz, dass ...
• Das möchte ich weiter üben: ...

1
Mein Name ...
Mein Thema heute ...

2
Was?
...

3
...

In der Tierwelt –
Gedichte lesen und gestalten

In der Tierwelt könnt ihr viel entdecken.

1 **a)** Welche Tiere entdeckt ihr auf den Bildern?
   b) Was tun die Tiere?

→ die Katze,
der Wurm,
das Walross –
die Walrosse ...

essen – fressen,
küssen, schütteln,
kratzen ...

2 **a)** Welches Bild gefällt dir gut?
   b) Was gefällt dir daran?

A 📖

Frantz Wittkamp

Kratze, Katze

Nimm deine Pfoten weg, ich platze,
sagte der Luftballon zur Katze.

C

Reinhard Döhl

Apfel

ApfelApfelApfelApfel
ApfelApfelApfelApfelA
ApfelApfelApfelApfelApfe
ApfelApfelApfelApfelApfel
pfelApfelApfelApfelApfel
ApfelApfelApfelApfelApfe
pfelApfelApfelApfelApfelA
ApfelApfelApfelApfelApfe
pfelApfelApfelApfelApfel
ApfelApfelApfelApfelApf
elApfelApfelApfel**Wurm**Ap
elApfelApfelApfelApfel
ofelApfelApfelApfel
nfelApfelApfelA
ApfelApfel

V

B

Mira Lobe

Die Walrosse

1 Wenn sich zwei Walrosse küssen,
2 wie die sich in Acht nehmen müssen!
3 Mit so einem Zahn
4 ist schnell was getan!
5 Drum haben sie neulich beschlossen:
6 Wir schütteln uns lieber die Flossen
7 und beschnuppern uns zart
8 mit dem Walross-Bart.

💬 **3** **a)** Welche Tiere entdeckt ihr in den Gedichten?
　　　 b) Was tun die Tiere?

💬 **4** Gedichte haben eine besondere Form.
　　　 Was fällt euch an der Form dieser Gedichte auf?

→ der Vers
die Strophe
der Reim

wie ein Bild

💬 **5** **a)** Welches Gedicht passt zu welchem Bild?
　　　 b) Welches Gedicht gefällt euch am besten?

In diesem Kapitel lest ihr Gedichte über Tiere.
Ihr schreibt ein eigenes Gedicht.

Die Katze bei den Spatzen – ein Gedicht lesen

In dem folgenden Gedicht fehlt etwas.
Am Ende von jedem zweiten Vers steht eine Lücke.

1 Lest das Gedicht laut. Macht bei jeder Lücke eine Pause.

Mira Lobe

Da fehlt etwas

▶  Audio

1 Abends schleicht auf leiser Tatze
2 zu dem Kirschbaum Nachbars ▓▓▓▓▓.

3 Klettert flink hinauf bis fast
4 auf den allerhöchsten ▓▓▓▓▓.

5 Denn bekanntlich fressen Katzen
6 außer Mäusen auch gern ▓▓▓▓▓.

7 Vater Spatz piepst laut im Dustern*   *im Dunkeln
8 und beginnt sich aufzu▓▓▓▓▓.

9 Augen glühen, Krallen wetzen,
10 Vater Spatz hört's mit ▓▓▓▓▓.

11 Doch die Spätzin (wolln wir wetten)
12 wird schon ihre Kinder ▓▓▓▓▓.

13 Kämpft so lange um ihr Nest,
14 bis die Katz' den Baum ver▓▓▓▓▓. V

 2 Welche Wörter versteht ihr nicht? Klärt sie gemeinsam.   ▶ unbekannte Wörter klären, S. 173

 3 Wer schleicht abends zu dem Kirschbaum?
Lest das Gedicht noch einmal. Ergänzt dabei die Lücken.   ▶  Audio

→ Spatzen • Katze • retten • ...plustern • Ast • ...lässt • Entsetzen

 4 Schreibe das Gedicht mit den ergänzten Lücken auf.

Das Gedicht hat Abschnitte. Sie heißen Strophen.

5 Was erfahrt ihr in den einzelnen Strophen?
– Lest die Strophen 1, 2 und 3: Was tut die Katze? Warum?
– Lest die Strophen 4 und 5: Wie reagiert der Spatzen-Vater?
– Lest die Strophen 6 und 7: Was tut die Spatzen-Mutter?

Gedichte haben oft kurze Zeilen. Die Zeilen heißen Verse. Manchmal klingen zwei Wörter an den Vers-Enden ähnlich. Die Wörter reimen sich.

> Die Wörter **Tatze** und **Katze** klingen ähnlich.

6 Lest euer Gedicht mit den ergänzten Lücken laut.

▶ 🖥 Audio

7 Welche Wörter reimen sich?
Arbeitet in drei Schritten: allein – zu zweit – in der Klasse.
a) Überlege zunächst allein.
b) Markiert die Reime in eurem Gedicht.
Tipp: Nutzt für jedes Reimpaar eine andere Farbe.
c) Schreibt die Reime an die Tafel.

▶ Think – Pair – Share, S. 172

8 Das Gedicht heißt **Da fehlt etwas.**
Was fehlt in dem Gedicht?

In dem Gedicht gibt es besondere Wörter: die Katze schleicht (Vers 1), ihre Augen glühen (Vers 9).

9 Male ein Bild von der schleichenden Katze oder von ihren glühenden Augen.

10 Welche Wörter in dem Gedicht findest du noch besonders?
Schreibe sie mit ihrem Vers auf.

im Dustern (Vers 7) ...

Warum Tiere sich streiten – ein Gedicht schreiben

Das folgende Gedicht nennt Gründe, warum sich Raben streiten.

 1 Lest das Gedicht laut.

Frantz Wittkamp

Warum sich Raben streiten

1 Weißt du, warum sich Raben streiten?
2 Um Würmer und Körner und Kleinigkeiten [...].

3 Mitunter* streiten sich Raben wie toll**   * manchmal
4 darum, wer was tun und lassen soll [...].   ** sehr wild

5 Raben streiten um jeden Mist.
6 Und wenn der Streit mal zu Ende ist,

7 weißt du, was Raben dann sagen?
8 Komm, wir wollen uns wieder vertragen! V

2 **a)** Welche Gründe nennt das Gedicht,
warum sich Raben streiten?
Nennt mindestens vier Gründe.
b) Was tun die Raben in dem Gedicht,
wenn der Streit zu Ende ist?

→ Sie fliegen weg. • Sie vertragen sich wieder. • Sie schlafen.

3 Welche Gedanken hast du zu dem Gedicht?
Begründe deine Antwort.

Das Gedicht ist ...
Das Ende ist ...
Mir gefällt, dass ...

→ traurig, lustig, schön, gut ...

... auch Tiere sich mal streiten.
... die Tiere sich wieder vertragen.
...

4 Welche Wörter reimen sich?
Schreibe die Reime auf.

Warum Tiere sich streiten –
ein Gedicht schreiben

Du weißt nun, warum die Raben sich in dem Gedicht streiten.
Auch andere Tiere könnten sich streiten.
Du schreibst darüber ein Gedicht in der gleichen Form.

5 Schreibe Wörter und Wortgruppen auf:
  – Welche Tiere streiten sich wohl noch?
  – Warum streiten sie sich wohl?

→ Mäuse, Affen,
Schafe, Frösche,
Bienen ...

um Essen,
um den
Schlafplatz ...

6 Schreibe ein Gedicht in der gleichen Form
wie **Warum sich Raben streiten**.
Nutze deine Wörter und Wortgruppen von Aufgabe 5.
Tipp: Lass oben auf dem Blatt zwei Zeilen frei.
Diese Zeilen sind für die Überschrift.

Weißt du, warum sich ... streiten?
Um ... und ... und Kleinigkeiten.
Mitunter streiten sich ...
...

7 Schreibe über dein Gedicht eine passende Überschrift.

8 Gestalte dein Gedicht mit einem passenden Bild oder
mit Sprechblasen. Wähle aus:
  – Wie sehen die Tiere aus?
  – Was sagen die Tiere zueinander?

9 Lest euch gegenseitig eure Gedichte vor.

Mein Tier ist ... – ein Gedicht schreiben

Mit den folgenden Aufgaben schreibst du noch ein Gedicht.
Arbeite allein oder arbeitet zu zweit.

Y **Wähle Ⓐ oder Ⓑ.**

Ⓐ **Du schreibst in der Form von einem Bild.**

🖉 **1** Schreibe Wörter und Wortgruppen auf: ► 👆 Hilfe
  – Um welches Tier geht es in deinem Gedicht?
  – Wo ist dein Tier?

🖉 **2** Schreibe dein Gedicht. Denke an die Überschrift.
Verwende Deutsch oder eine andere Sprache.

Ⓑ **Ihr schreibt in der gleichen Form wie Die Ameisen.**

Joachim Ringelnatz

📖 **Die Ameisen** ► 👆 Audio

1 In Hamburg lebten zwei Ameisen,
2 die wollten nach Australien reisen.
3 Bei Altona* auf der Chaussee**
4 da taten ihnen die Beine weh,
5 und da verzichteten sie weise***
6 dann auf den letzten Teil der Reise. [...] V

* ein Stadtteil
von Hamburg

** eine große Straße

*** klug

👥 **3** a) Wohin wollten die Ameisen reisen?
  b) Wo und warum endete die Reise?

👥 🖉 **4** Stellt euch vor, die Ameisen lebten nicht in Hamburg.
Schreibt Wörter und Wortgruppen auf:
  – Wo lebten die Ameisen wohl?
  – Wohin reisten sie wohl?
  – Wo endete ihre Reise wohl?

👥 🖉 **5** Schreibt ein Gedicht in der gleichen Form.

Die Gedichte in einer Ausstellung zeigen

Ihr zeigt eure Gedichte in einer Ausstellung.

1 Hängt eure Gedichte im Klassenraum auf.

2 Gehe langsam von Gedicht zu Gedicht.
Sieh dir die Gedichte aufmerksam an.
Was gefällt dir besonders gut?

3 Sammelt eure Eindrücke.

Ich finde besonders gelungen, dass …
Das gefällt mir an deinem Gedicht: …

> Ich finde die Farben
> besonders gelungen.

> Das gefällt mir an deinem Gedicht:
> Die Ameisen beenden ihre Reise in unserer Stadt.

Du hast Gedichte über Tiere gelesen.
Du hast eigene Gedichte geschrieben.

4 Überlege zum Schluss:
– Was kann ich jetzt?
– Worauf bin ich stolz?

→
- Ich kann ein Gedicht lesen.
- Ich kenne die Wörter Strophe und Vers.
- Ich kann Reime erkennen.
- Ich kann ein Gedicht schreiben.

5 **a)** Schreibe für dich passende Sätze auf.
b) Erkläre einem anderen Kind,
worauf du stolz bist.

Darauf bin ich stolz: …

Sagenhafte Felsen –
Sagen lesen und vorstellen

**Seit Jahrhunderten erzählen sich die Menschen Sagen.
Das sind Geschichten, zum Beispiel von besonderen Orten.
Viele dieser Orte sind Felsen.**

Was ist an dem Ort wohl besonders?

1 Was entdeckt ihr auf den Bildern?

2 Welches Bild macht euch neugierig?

→ der Felsen – die Felsen,
der Stein – die Steine,
der Baum – die Bäume,
der Wald, der Fluss,
die Natur ...

Zu den Orten auf den Bildern ① bis ③ gehören Sagen.

 Ⓐ  Da nahm der Vater **einen großen Felsblock** und schleuderte ihn weit auf den **Gaisberg**. „**Mach es mir nach**, wenn du es kannst", sagte er zu seinem Sohn. [V]

Ⓑ  Auf einem **Felsen am Rhein** lebte vor langer Zeit ein **schönes Mädchen**. Der Felsen hieß Loreley. Auch das Mädchen wurde Loreley genannt. Das Mädchen hatte eine **zauberhafte Stimme**. [V]

Ⓒ  In der Nähe von **Rathen an der Elbe** befindet sich der **Honigstein**. Das ist ein Felsen mit vielen Rissen und Spalten. Früher wohnten **Bienen** in den Felsspalten. [V]

 3 Welcher Ausschnitt passt zu welchem Ort?

Viele Sagen erzählen von Orten, die es wirklich gibt.

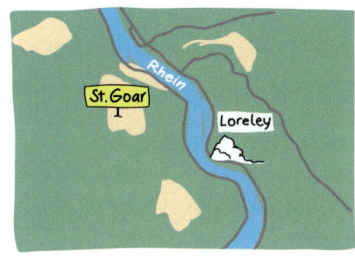 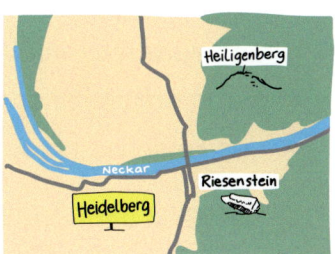 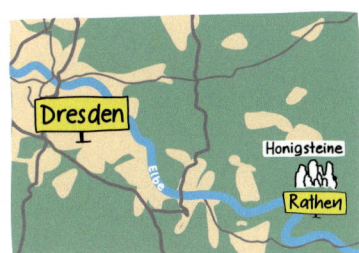

 4 Wo liegen die Felsen?

Ihr lest und untersucht Sagen. Ihr malt und erzählt zu einer Sage.

Der Loreley-Felsen – eine Sage lesen

Der Fluss Rhein fließt durch Deutschland.
An einem Felsen am Rhein passierten früher viele Unglücke.
Davon erzählt die folgende Sage.

 1 Vor dem Lesen ▶ Lese-Profi, S. 166

a) Ich sehe mir die Bilder an. Was sagen mir die Bilder? ▶  Video
b) Ich lese die Überschrift. Was könnte in der Sage stehen?
c) Ich sehe mir den ganzen Text an.
Welche **Schlüsselwörter** erkenne ich?

Der Loreley-Felsen ▶ Audio

1 Auf einem **Felsen am Rhein** lebte vor langer Zeit
2 ein **schönes Mädchen**. Der Felsen hieß Loreley.
3 Auch das Mädchen wurde Loreley genannt.
4 Das Mädchen hatte eine **zauberhafte Stimme**.

5 Wenn **die Fischer** auf dem Rhein die Stimme
6 des Mädchens hörten, beachteten sie den Felsen
7 nicht mehr. Diese Stelle des Rheins war aber
8 wegen des Felsens **sehr gefährlich**. Viele Fischer
9 **verunglückten mit ihren Schiffen in dem Fluss**.

10 In der Gegend wohnte auch **ein junger Graf**.
11 Eines Tages hörte der Graf von dem Mädchen
12 und **ruderte** mit einem Fischer zu dem Felsen.
13 Dann **erblickte** er **das Mädchen**. Es saß am Rande
14 des Felsens und **sang ein trauriges Lied**.

15 Der Graf verliebte sich sofort in das Mädchen.
16 Als er zu dem Mädchen ans Land springen wollte,
17 rutschte er aus und **ertrank im Rhein**.

18 Die Menschen gaben **dem Mädchen** auch an
19 diesem **Unglück** die **Schuld**. ⊻ ▶ Quiz

Der Loreley-Felsen – eine Sage lesen

 1 **a)** Von welchem Felsen erzählt die Sage?

b) Wer lebte auf dem Felsen?

c) Was passierte vielen Fischern?

**An manchen Orten passierten ungewöhnliche Ereignisse.
Die Menschen versuchten, die Ereignisse zu erklären.
Sie nutzten ihre Fantasie und erzählten Sagen.**

 2 **a)** Welche ungewöhnlichen Ereignisse
passierten an dem Felsen?

b) Welche Erklärung gibt die Sage dafür?

**Der folgende Sachtext erklärt, warum die Unglücke
am Loreley-Felsen wirklich passierten.**

 Audio

1 Der Loreley-Felsen ist eine **hohe Felswand**

2 am Rhein. An dieser Stelle wird der Fluss

3 **durch Felsen verengt**.

4 Dadurch entsteht eine **starke Strömung**.

5 Deswegen war die Stelle früher

6 eine der **gefährlichsten Stellen** auf dem Rhein.

7 Es passierten viele Unglücke.

 3 Warum passierten die Unglücke am Loreley-Felsen wirklich?

Nicht alles, was in einer Sage erzählt wird, ist wahr.

4 Was ist an der Sage wahr? Was ist wohl erfunden?
Arbeitet in drei Schritten: allein – zu zweit – in der Klasse.

a) Überlege zunächst allein.

b) Sprecht über eure Antworten.

c) Sammelt eure Antworten in der Klasse.

▶ Think – Pair – Share,
S. 172

▶ Hilfe

Besondere Orte – eine weitere Sage lesen

**Die folgenden beiden Sagen erzählen,
wie ein besonderer Ort entstanden ist.
Wähle Ⓐ oder Ⓑ.**

Ⓐ Du liest eine Sage über einen Ort, der im Winter besonders ist.

📖 Die Sage vom Honigstein ▶ 👆 Audio

1 In der Nähe von **Rathen an der Elbe**
2 befindet sich der **Honigstein**.
3 Das ist ein Felsen mit vielen Rissen und Spalten.
4 Früher wohnten **Bienen** in den Felsspalten.
5 Sie waren so fleißig, dass der Felsen **mit Honig**
6 **überzogen** war und im Sonnenlicht glitzerte.

7 Der **Ritter** der Burg Rathen wollte den Honig **nicht**
8 **teilen**. Er **verbot** den Menschen aus der Umgebung,
9 sich **Honig** zu **holen**. Manche Menschen gingen
10 trotzdem zum Honigstein.
11 Eines Tages **erwischte** der Ritter zwei alte Leute.
12 Er wurde böse und **jagte** sie mit seinen Hunden **weg**.

13 Da flogen die Bienen **in dichten Schwärmen**
14 aus den Felsspalten hervor und
15 jagten wütend den **bösen Ritter**.
16 Der Ritter fiel vom Felsen und **starb**.

17 An genau dieser Stelle bleibt seitdem
18 **kein Schnee** mehr liegen. V ▶ 👆 Quiz

 1 a) Was lebte früher in den Rissen und Spalten?
      b) Was wollten die zwei alten Leute am Honigstein?
      c) Was machte der Ritter der Burg Rathen?
      d) Was passiert seitdem an der Stelle,
         wo der Ritter gestorben ist?

B Du liest eine Sage über einen Felsen mit einer besonderen Form.

📖 Der Riesenstein bei Heidelberg ▸ 🖱 Audio

1 In der Nähe von **Heidelberg** wohnten früher
2 **zwei Riesen**. Sie waren Vater und Sohn.
3 Sie wanderten oft zusammen über einen Berg.
4 Als der **Sohn älter** war, **wollte** er auch **allein**
5 **wandern**. Er bat seinen Vater um Erlaubnis.

6 „Zeig mir, dass du wirklich **stark** bist", sagte
7 der Vater. „Dann habe ich nichts dagegen."
8 Da nahm der Vater **einen großen Felsblock**
9 und schleuderte ihn weit auf den **Gaisberg**.
10 „**Mach es mir nach**, wenn du es kannst",
11 sagte er zu seinem Sohn.

12 Der Sohn nahm einen gleich großen Felsblock
13 und warf ihn in dieselbe Richtung. Der Felsblock
14 **landete genau auf dem Felsblock** vom Vater.
15 Deswegen **erlaubte** der Vater seinem Sohn,
16 in die Welt hinauszuwandern.

17 Die **Felsblöcke** liegen heute noch genauso
18 **übereinander**, **wie** sie damals
19 **von den Riesen geworfen** wurden.

20 Deswegen nennt man den Felsen auf
21 dem Gaisberg **Riesenstein**. V ▸ 🖱 Quiz

 2 **a)** Wer wohnte früher in der Nähe von Heidelberg?
   b) Was wollte der Sohn?
   c) Was sollte der Sohn dafür tun?
   d) Warum nennt man den Felsen **Riesenstein**?

Zu einer Sage schreiben und malen

Du hast eine Sage über einen besonderen Ort gelesen.
Nun untersuchst du die Sage.
Arbeite allein oder arbeitet zu zweit.

A

Honigsteine in der Sächsischen Schweiz

B

Riesenstein bei Heidelberg

1 Untersuche die Sage.
Beantworte die folgenden Fragen.
– Von welchem Ort erzählt die Sage?
– Was ist besonders an dem Ort?
– Welche Erklärung gibt die Sage dafür?
– Was ist an der Sage wahr? Was ist wohl erfunden?

2 Male ein Bild zu deiner Sage.
Überlege zunächst, was du zeigen möchtest:
– Wie sieht der Ort in deiner Sage aus?
– Was ist besonders an dem Ort?
– Welche Figuren gibt es in der Sage?

3 **a)** Was sagen die Figuren wohl zueinander?
b) Schreibe für jede Figur eine Sprechblase auf.

Vater, ich möchte
auch mal allein …

…

Eine Sage vorstellen

Ihr stellt den anderen in der Klasse eure Sage vor.

1 **a)** Zeigt euch eure Bilder.
  b) Erzählt zu der Sage.

  Meine Sage heißt ...
  In der Sage geht es um ...
  An der Sage ist wahr ... / erfunden ...

2 Sammelt eure Eindrücke.

  Mir gefällt gut ...
  Ich finde besonders gelungen ...

> Mir gefällt gut,
> wie der Felsen aussieht.

> Ich finde den Riesen
> besonders gelungen.

Du hast Sagen gelesen und untersucht.
Du hast zu einer Sage gemalt und erzählt.

3 Was weißt du jetzt über Sagen?
  Ergänze die Satzanfänge.

  → • Viele Sagen erzählen von wirklichen ...
  • Sagen erklären ungewöhnliche ...
  • Nicht alles in einer Sage ist ...

4 **a)** Was war für dich leicht?

  → eine Sage lesen • erkennen, was an einer Sage wahr ist •
  erkennen, was wohl erfunden ist • zu einer Sage malen •
  zu einer Sage erzählen ...

  b) Was kannst du jetzt?

  Ich kann jetzt ...

Herr der Diebe –
Figuren kennen lernen

In dem Jugendbuch **Herr der Diebe** gibt es eine Kinderbande.
Die Kinder wohnen zusammen in einem Versteck.

Diese Kinder gehören zur Bande:

Ich heiße **Prosper**.
Ich passe auf meinen
kleinen Bruder auf.

Mein Name ist **Scipio***.
Ich bin der Anführer und
kümmere mich um die Bande.

* sprich: Schipio

Ich bin **Wespe**.
Ich sorge dafür, dass es
in der Bande keinen Streit gibt.

Mein Name ist **Mosca**.
Ich wohne mit den anderen
in dem Versteck, das Scipio
für uns gefunden hat.

Alle nennen mich **Riccio***,
weil meine Haare so abstehen.
Riccio bedeutet Igel.

* sprich: Ritscho

Ich heiße **Bo**. Prosper
ist mein großer Bruder.

  1 a) Wer gehört zur Kinderbande?
b) Was wisst ihr schon über die Figuren?
c) Was tut die Kinderbande wohl?

Darum geht es in dem Buch Herr der Diebe:

1 Der Herr der Diebe ist der geheimnisvolle Anführer
2 einer Kinderbande in **Venedig**, einer **Stadt in Italien**.
3 Zu der Bande gehören auch zwei Jungen,
4 die weggelaufen sind: Prosper und Bo.
5 Als ein Detektiv die beiden sucht,
6 droht die ganze Kinderbande aufzufliegen. V

2 In welchem Land liegt Venedig?
Was wisst ihr über die Stadt?

3 Welche Fragen habt ihr zu den Figuren?

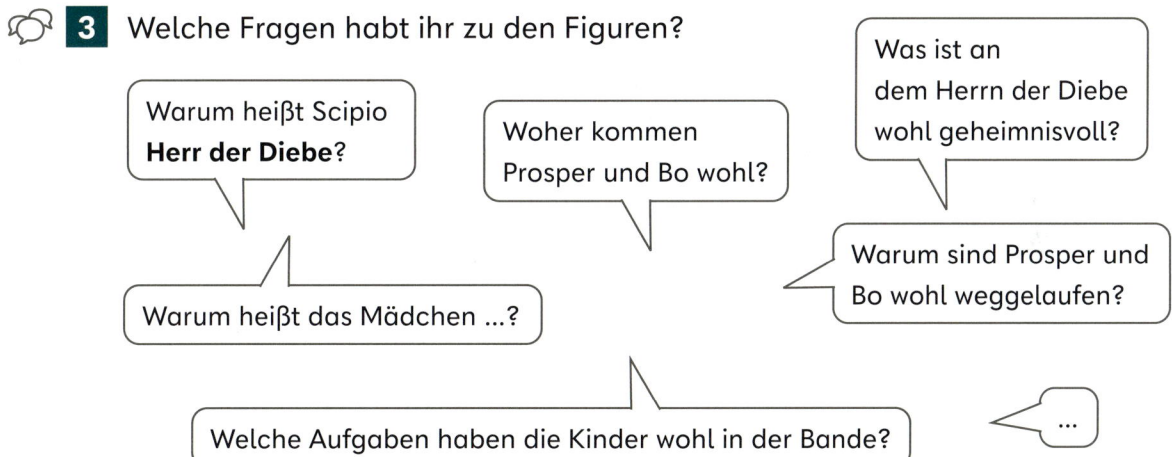

Warum heißt Scipio **Herr der Diebe**?

Woher kommen Prosper und Bo wohl?

Was ist an dem Herrn der Diebe wohl geheimnisvoll?

Warum heißt das Mädchen ...?

Warum sind Prosper und Bo wohl weggelaufen?

Welche Aufgaben haben die Kinder wohl in der Bande?

...

4 Welche Figur interessiert dich am meisten? Begründe.

**Ihr lest Ausschnitte aus dem Buch Herr der Diebe.
Ihr lernt Figuren aus dem Buch genauer kennen und
ihr stellt eine Figur vor.**

Prosper und Bo – Figuren kennen lernen

In dem folgenden Ausschnitt lernt ihr Prosper und Bo kennen.

 1 Lest den Ausschnitt mit dem Lese-Profi.

 2 **Beim Lesen** ▶ Lese-Profi, S. 166

    a) Ich lese die **Schlüsselwörter**. Was verraten sie mir?   ▶  Video

    b) Ich lese den Text einmal durch. Was weiß ich jetzt?

    c) Ich lese den Text genau. Was steht in den Abschnitten?

Der Detektiv Victor bekam Besuch in seinem Büro   ▶  Audio
in Venedig. Eine Frau und ein Mann zeigten ihm ein Foto.

1 [...] **Zwei Jungen** blickten den Detektiv Victor an.
2 Der eine war **blond und klein** mit einem breiten
3 **Lächeln** auf dem Gesicht. Der andere war **älter**,
4 **hatte dunkles Haar** und sah **ernst** aus. [...]

5 „Wir sind Esther und Max Hartlieb aus **Hamburg**",
6 antwortete die Frau. Sie erklärte: „Die Jungen sind
7 die **Söhne meiner verstorbenen Schwester**.
8 Prosper ist **zwölf** geworden, Bonifazius ist **fünf**.
9 Wir wollten Bo, also den Kleinen, **nach dem Tod**
10 **meiner Schwester** sofort **zu uns** holen.
11 **Den Großen** konnten wir **nicht** auch noch nehmen."

12 „Vor etwas mehr als acht Wochen sind sie
13 **weggelaufen**", ergänzte Max Hartlieb.
14 Victor hob die Augenbrauen.
15 „Von **Hamburg nach Venedig**?
16 Das ist ein langer Weg für zwei Kinder",
17 überlegte er laut. [...] V   ▶  Quiz

 2 **a)** Wer waren die Frau und der Mann?

    b) Warum waren sie bei dem Detektiv Victor?

Prosper und Bo – Figuren kennen lernen

3 Was wisst ihr nun über Prosper und Bo?
– Wie sahen Prosper und Bo aus? Lest Zeile 1–4 genau.
– Wie alt waren Prosper und Bo? Lest Zeile 8 genau.
– Woher kamen die beiden? Lest Zeile 15 genau.

4 Erstelle eine Mind-Map zu Prosper.
Nutze deine Informationen von Aufgabe 3.

▶ Eine Mind-Map erstellen, S. 175

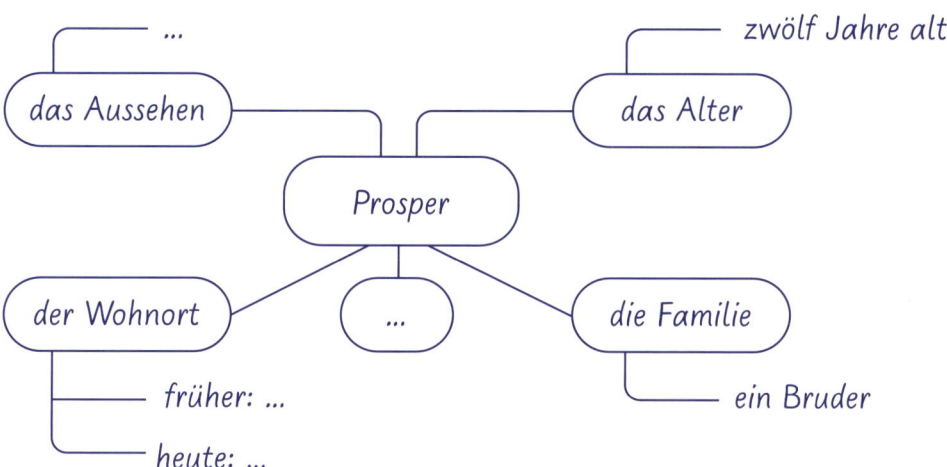

Prosper und Bo waren weggelaufen. Sie sind allein in Venedig.

Wo schlafen Prosper und Bo wohl?

Sie wollen nicht entdeckt werden. Das ist sehr aufregend.

Sie sind allein in einer fremden Stadt. Da hätte ich Angst!

5 Was könnten Prosper und Bo denken oder fühlen?
Was würdest du denken oder fühlen?
Arbeitet in drei Schritten: allein – zu zweit – in der Klasse.
a) Überlege zunächst allein.
b) Sprecht über eure Antworten.
c) Vergleicht eure Antworten in der Klasse.

▶ Think – Pair – Share, S. 172

Prosper und Bo – Figuren kennen lernen

 **Prosper und Bo waren in Venedig unterwegs.** ▶ Audio

1 Bo hüpfte aufgeregt und hielt
2 einen dicken **Geldbeutel** in die Luft.
3 „Guckt mal, hab ich gefunden!", rief er.
4 „Wo hast du den her, Bo?", fragte **Prosper**
5 **erschrocken** und griff nach dem Geldbeutel.
6 Trotzig antwortete Bo: „Gefunden! Hab ich
7 doch gesagt!" Prosper stöhnte.

8 Seit die **Brüder** allein unterwegs waren, hatte
9 Prosper **lernen** müssen, **zu stehlen**. Erst etwas
10 zu **essen**, dann auch **Geld**. **Prosper hasste es**.
11 Seinem Bruder Bo hatte er das **Stehlen verboten**.

12 „Komm, reg dich nicht auf, Prosper",
13 sagte Wespe und drückte Bo an sich.
14 „Außerdem ist unsere Kasse leer." Aber **Prosper warf**
15 **den Geldbeutel fort**. [...] V ▶ Quiz

 6 a) Warum war Bo aufgeregt?
b) Wie reagierte Prosper, wie reagierte Wespe?
c) Was machte Prosper am Ende? Warum?

 **7** Am Anfang hatte Bo einen dicken Geldbeutel.
Am Ende warf Prosper den Geldbeutel weg.
Spielt das Gespräch zwischen Bo, Prosper und Wespe.

8 Was habt ihr in eurer Rolle gedacht und gefühlt?
Was wollt ihr der Klasse davon mitteilen?

9 a) Was weißt du Neues über Prosper?
Ergänze deine Mind-Map von Seite 57.
Tipp: Lies noch einmal Zeile 8–11.
b) Was gefällt dir an der Figur?
Erkläre es einem anderen Kind.

die Gedanken und Gefühle
— *mag nicht ...*

Ihr lernt Wespe oder Scipio genauer kennen.
Welche Figur interessiert euch am meisten?

 (A)

 (B)

Arbeitet zu zweit. Wählt (A) oder (B).

(A) Ihr lest Ausschnitte über Wespe. Ihr erfahrt mehr über ihr Aussehen und ihre Gedanken.

▶ Das Partnerlesen, S. 173

1 [...] Ein **Mädchen** stand bei Prosper und Bo.

2 Es war **schmal** und hatte einen **langen,**

3 **dünnen, braunen Zopf.**

4 Das Mädchen wurde **Wespe** genannt,

5 weil ihr **Zopf wie ein Stachel** aussah. [...] ⊡V

**Der Detektiv Victor hatte das Versteck der Kinder gefunden.
Alle Kinder außer Wespe machten sich Sorgen.**

6 Riccio rief: „Wir müssen uns ein neues Versteck

7 suchen! Dabei ist es doch unser Zuhause.

8 Das beste Zuhause, das wir je hatten."

9 Wespe legte **tröstend** den Arm um ihn und sagte:

10 „He, Hauptsache, wir **bleiben zusammen**, oder?" [...]

11 Prosper räusperte sich. „Wenn Bo und ich gehen,

12 hat der Detektiv keinen Grund, herumzuschnüffeln.

13 Wir haben den Ärger eingebrockt, also **gehen wir.**"

14 **Bo** starrte seinen Bruder **mit offenem Mund** an.

15 „Blödsinn", rief Wespe, „**wir gehören**

16 **zusammen**!" [...] ⊡V

  ▶ Quiz

▶ Hilfe

  **1** a) Wie sah Wespe aus?

b) Warum wurde sie Wespe genannt?

c) Was tat Wespe, als das Versteck gefunden wurde?

 d) Was dachte Wespe über die Bande?

Wespe oder Scipio – eine Figur kennen lernen

B Ihr lest Ausschnitte über Scipio. Ihr erfahrt mehr über seine Aufgabe in der Bande und sein Aussehen.

▶ Das Partnerlesen, S. 173

1 Bo wusste genau, dass sie nur **dank Scipio nicht**
2 mehr **auf der Straße schlafen** mussten. Nur durch
3 ihn hatten sie wieder ein **Zuhause**. Ein **Versteck**!

4 Aber Scipio war ein **Dieb**. Der **Herr der Diebe**!
5 **Er füllte mit seiner Beute die Kasse der Kinder.**
6 Die Aufgabe der Kinder war, die **Beute zu verkaufen**,
7 um Geld für Essen zu haben. [...] V

Die Freunde waren in ihrem Versteck. Plötzlich klingelte es.

8 **Scipio**, der Herr der Diebe, stand vor der Tür.
9 Er trug seine **schwarze Vogelmaske**, nur sein Kinn
10 und der Mund waren darunter zu sehen.

11 „Irgendwann **erschreckst** du noch **jemanden**
12 **zu Tode** mit dieser Maske", sagte Prosper.
13 **Lächelnd** zog sich Scipio **das unheimliche Ding**
14 **vom Gesicht**. [...] V

▶  Quiz

2 a) Was hatte Scipio für die Kinder getan?
  b) Was war die Aufgabe von Scipio?
  c) Wie sah Scipio aus?
  ☆ d) Warum lächelte Scipio wohl am Ende?

▶ Hilfe

Du hast die Ausschnitte (A) über Wespe oder (B) über Scipio gelesen.

3 Erstelle eine Mind-Map zu deiner Figur.
  – Was weißt du nun du über deine Figur?
  – Was findest du wichtig und interessant?
  – Was gefällt dir an der Figur?

→ der Name oder der Spitzname, das Aussehen, die Aufgabe in der Bande, die Gedanken und Gefühle ...

Eine Figur vorstellen

Du gestaltest zu deiner Figur ein Lapbook.

📖 **1** Was weißt du über deine Figur?
Nimm deine Mind-Map zu Wespe oder Scipio.

✋ **2** Gestalte ein Lapbook.
  – Du kannst deine Mind-Map aufkleben oder übertragen.
  – Du kannst einen Steckbrief zu der Figur schreiben.
  – Du kannst Bilder dazu malen oder aufkleben.

▶ Ein Lapbook gestalten, S. 176

Du stellst deine Figur vor.

💬 **3** Zeigt eure Lapbooks in der Klasse.

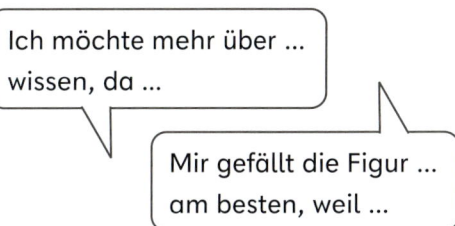

Ich möchte mehr über … wissen, da …

Mir gefällt die Figur … am besten, weil …

💬 **4** Welche Figur interessiert dich am meisten?
Begründe.

**Du hast Ausschnitte aus dem Buch Herr der Diebe gelesen.
Du hast Figuren genauer kennen gelernt und
eine Figur vorgestellt.**

💬 **5** **a)** Was war leicht für dich?

→ einen Ausschnitt lesen • Informationen zu einer Figur sammeln •
eine Mind-Map erstellen • zu einer Figur schreiben •
begründen, was mir an einer Figur gefällt …

b) Was kannst du jetzt?

Ich kann jetzt …

**Prosper, Wespe, Scipio und die Bande
erleben gemeinsam viele Abenteuer.
Was genau passiert, erfährst du in dem Buch.**

Die 6g auf Klassenfahrt – ein Buch vorstellen

Lian hat ein Buch gelesen und ist begeistert.
Nach der Schule erzählt er seinen Freunden davon.

Ich habe ein voll spannendes Buch gelesen.
Es geht um eine Klassenfahrt.

Wie heißt das Buch?

Ist das Buch dick?

Wer sind die Figuren?

Ist es lustig?

Worum geht es genau?

Hat es Bilder?

1 Was seht ihr auf dem Bild?

2 a) Was erzählt Lian über das Buch?
　　b) Was fragen die Freunde?

Lian empfiehlt seinen Freunden das Buch.

3 a) Welches Buch hast du schon einmal empfohlen?
　　b) Welches Buch hat dir jemand empfohlen?

Am nächsten Tag zeigt Lian das Buch seinen Freunden.

Anja Janotta

KLASSENFAHRT außer KONTROLLE

GULLIVER

Eine Klassenfahrt in die Berge?
Das kann nicht gut gehen,
denkt Selma. Als sich
der Klassenlehrer den Fuß
verknackst, ist die 6g plötzlich
auf sich allein gestellt.
Gemeinsam müssen sie einen
Weg finden. Und zwar schnell,
denn am Himmel ziehen
dunkle Wolken auf.

GULLIVER

ISBN 978-3-407-82407-3

---

4 **a)** Was seht ihr auf dem Cover?
  b) Was seht ihr auf der Rückseite von dem Buch?
  c) Was macht euch neugierig?

→ das Cover
(die Titelseite):
die Autorin /
der Autor
der Titel
das Bild

die Rückseite:
der Klappentext

5 Das Buch heißt **Klassenfahrt außer Kontrolle**.
Was bedeutet wohl **außer Kontrolle**?

6 Lian möchte das Buch in der Klasse vorstellen.
Was kann Lian der Klasse jetzt schon über das Buch sagen?

Ihr lernt das Buch Klassenfahrt außer Kontrolle kennen.
Ihr stellt das Buch vor.

Informationen zu dem Buch sammeln

Lian möchte das Buch mit einem Steckbrief vorstellen.
Er sieht sich das Cover und den Klappentext an.

> Was ist für die anderen aus der Klasse wichtig?

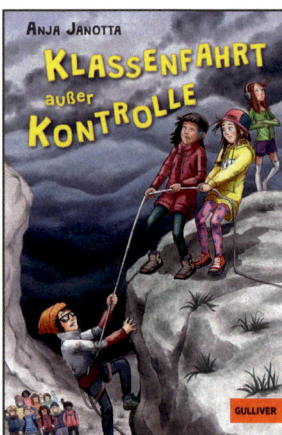

1 Eine Klassenfahrt in die Berge?
2 Das kann nicht gut gehen, denkt Selma.

3 Als sich der Klassenlehrer den Fuß verknackst,
4 ist die 6g plötzlich auf sich allein gestellt.

5 Gemeinsam müssen sie einen Weg finden.
6 Und zwar schnell, denn am Himmel ziehen
7 dunkle Wolken auf.

---

 1 **a)** Was verrät das Cover über den Inhalt?
b) Was verrät der Klappentext über den Inhalt?

→ das Cover:
die Autorin
der Titel
das Bild

Du schreibst den Steckbrief für Lian auf ein Blatt.

 2 **a)** Schreibe die **Überschrift** für den Steckbrief auf.
b) Schreibe den **Titel** und die **Autorin** auf.

> *Steckbrief zum Buch*
> *der Titel: …*
> *die Autorin: …*
>
> *der Inhalt: …*

3 Worum geht es in dem Buch?
Schreibe einen Satz zum **Inhalt** auf.

In dem Buch geht es um …

→ • … eine abenteuerliche Klassenfahrt in die Berge.
  • … die Klasse 6g und eine gefährliche Situation auf dem Berg.
  • … ein spannendes Abenteuer der Klasse 6g.

4 Vergleicht zu zweit eure Ergebnisse.

Auf den nächsten Seiten ergänzt du den Steckbrief mit weiteren Informationen zum Buch.

> Was finden die anderen interessant?

Den Anfang von dem Buch lesen

In dem Buch erzählt das Mädchen Selma.

> Was passiert am Anfang?

 2 **Beim Lesen**

▶ Lese-Profi, S. 166

a) Ich lese die **Schlüsselwörter**. Was verraten sie mir?

▶  Video

b) Ich lese den Text einmal durch. Was weiß ich jetzt?

c) Ich lese den Text genau. Was steht in den Abschnitten?

Am Anfang fährt die Klasse mit dem Bus.

▶ Audio

1 „**Handys da rein!**" **Herr Wächter** hält uns
2 einen leeren **Karton** unter die Nase. [...]
3 „Selma! Nadja!", ruft Herr Wächter genervt.
4 Mechanisch lasse ich Nadja den Vortritt,
5 bevor auch ich mein **Handy abgebe**. [...]

6 **Schlechter** könnte die **Stimmung** nicht sein.
7 **Niemand** hat **Bock** auf diesen Ausflug.
8 Niemand will **ohne Handy auf den Berg** laufen.
9 „Wann kriegen wir unsere Telefone
10 eigentlich **wieder**?", fragt Nadja.
11 „Wenn ihr wieder unten seid. Also in ..."
12 Herr Wächter kramt zwei knitterige Papiere aus
13 seiner Jacke und liest: „Also **in vier Stunden**." [...]

14 „Ohne Handy seid ihr **nicht mehr abgelenkt**",
15 sagt Frau Evers munter. „So eine **Klassenfahrt**
16 **schweißt zusammen**!" [...] V ▶ Quiz

 1 Was erfahrt ihr **am Anfang** vom Buch?
– Welche Figuren kommen vor?
– Wohin geht der Ausflug?
– Wie ist die Stimmung in der Klasse? Warum?

> *Steckbrief zum Buch*
> *...*
>
> *der Anfang: ...*

2 Schreibe die Antworten in den Steckbrief.

Einen spannenden Ausschnitt lesen

Selma erzählt, was auf dem Berg passiert.

> Diesen Ausschnitt finden die anderen bestimmt spannend!

 2 Beim Lesen ▶ Lese-Profi, S. 166

a) Ich lese die **Schlüsselwörter**. Was verraten sie mir? ▶  Video
b) Ich lese den Text einmal durch. Was weiß ich jetzt?
c) Ich lese den Text genau. Was steht in den Abschnitten?

Herr Wächter hat sich den Fuß verknackst.
Frau Evers und die Klasse sind allein auf dem Berg. ▶  Audio

1 [...] Frau Evers zögert. Sie sieht den **Weg** hinauf,
2 der **immer steiler** wird. Noch dazu haben sich
3 um die **Bergspitze dicke Wolken** gesammelt. [...]
4 Die Karte hat Frau Evers inzwischen ganz zerknüllt.
5 Sie schaut noch mal nach oben. „Na gut", sagt sie
6 schließlich. „**Lasst uns zurück ins Tal gehen**."

7 In diesem Augenblick **hören** wir ein **Grollen**. Es ist
8 ein **bedrohliches** Grollen. Eins, das man nicht nur
9 hören, sondern auch spüren kann. So als wäre
10 jemand sehr, sehr **sauer** und würde mit **Steinen**
11 **gurgeln**. Und dann **spuckt dieser jemand plötzlich**
12 **die ganzen Steine aus**, alle auf einmal.
13 Wir begreifen es erst gar nicht. Aber hinter uns
14 geht eine **Lawine den Berg runter**. Kleine,
15 mittelgroße und ziemlich große **Brocken rumpeln**
16 den Hang **herab**. [...] V ▶  Quiz

1 Was ist an dem Ausschnitt **spannend**?
– Was passiert mit dem Weg und der Bergspitze?
– Was schlägt Frau Evers vor?
– Was hören und sehen die Kinder?

 2 Schreibe die Antworten in den Steckbrief.

> *Steckbrief zum Buch*
> *...*
> *Das ist spannend: ...*

Selma erzählt, was als Nächstes auf dem Berg passiert. ▶  Audio

17 [...] Ohne nachzudenken, ziehe ich Nadja

18 näher zu mir und von der Lawine weg.

19 Wir sind die Letzten auf dem **Pfad**,

20 **der in Sekunden komplett mit Steinen bedeckt ist.**

21 Der **Weg** zurück ist **abgeschnitten**. [...]

22 „Himmel, was war das denn?", jault **Max** und

23 **springt zur Seite.**

24 Tine fragt immer wieder: **„Was machen wir jetzt?**

25 Hier kommen wir nicht zurück!

26 **Was sollen wir nur machen?"**

27 Mein **Herz klopft**, als wollte es sich

28 nach außen durchschlagen. Meine **Kehle ist**

29 **wie zugeschnürt.** [...] V   ▶  Quiz

3 **a)** Was ist mit dem Weg passiert?
   b) Welches Problem hat die Klasse jetzt?

4 **Was interessiert dich** an dem Buch?
Ergänze den Steckbrief.
Schreibe Antworten zu diesen Fragen auf:
– Was macht dich neugierig?
– Was findest du spannend?

> *Steckbrief zum Buch*
> *...*
>
> *Das interessiert mich*
> *an dem Buch: ...*

5 Wie spannend findest du das Buch an dieser Stelle?
Ergänze in dem Steckbrief ein passendes Bild.

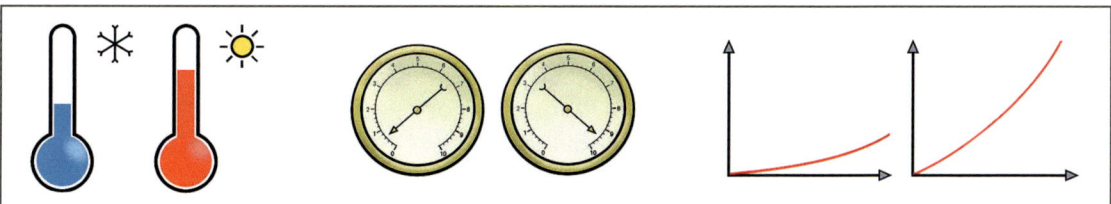

Einen spannenden Ausschnitt darstellen

Ihr wollt andere auf das Buch neugierig machen.
Ihr könnt darstellen, was Selma und ihre Klasse
auf dem Berg sehen, hören oder erleben.

Arbeitet allein, zu zweit oder in der Gruppe.

 1 Entscheide dich für Aufgabe 2, 3 oder 4.

 2 Was **sehen** die Kinder auf dem Berg?
Selma hat ein Bild von jemandem im Kopf,
der Steine spuckt (Seite 66, Zeile 9–12).
Du malst ein **Bild** von einem Wesen,
das Steine spuckt.
Tipp: Du kannst auch Bilder aus
einer Zeitschrift ausschneiden.

▶  Audio

→ ein Monster aus Stein, eine Riesin, ein Zauberer …

 3 Was **hören** die Kinder auf dem Berg?
Ihr gestaltet eine **Geräusch-Collage**.
Nehmt die Geräusche mit dem Handy oder Tablet auf.
– Ihr könnt passende Geräusche auswählen.
– Ihr könnt die Geräusche selbst erzeugen.
– Ihr könnt auch aufnehmen, was die Figuren sagen.

▶  Audio

→ auf den Tisch klopfen, mit den Füßen stampfen, einen Karton schütteln …

 **4** Was **erleben** die Kinder auf dem Berg?
Ihr lest einen **spannenden Ausschnitt** vor.
Tipp: Beim Vorlesen könnt ihr euch mit dem Handy oder
Tablet aufnehmen.
a) Wählt einen Textausschnitt von Seite 66 oder 67 aus.
b) Verteilt die Rollen.
c) Übt den Text.
Probiert verschiedene Möglichkeiten aus.

▶  Audio

→ • Wo wollt ihr Pausen machen?
• Welche Stelle wollt ihr langsamer vorlesen?
• Welche Stelle wollt ihr lauter vorlesen?

Das Buch vorstellen

**Ihr habt zu dem Buch einen Steckbrief erstellt und
einen spannenden Ausschnitt dargestellt.
Ihr zeigt euch gegenseitig eure Ergebnisse.**

1 Bildet Gruppen mit höchstens vier Kindern.
Zeigt euch reihum eure Steckbriefe und
eure Ergebnisse von Seite 68.

2 Besprecht in der Gruppe:
– Was hat euch neugierig auf das Buch gemacht?
– Warum ist es gut, einen Buchtipp zu bekommen?

→ das Cover,
das Bild,
die Geräusch-
Collage ...

3 Wer möchte das Buch lesen, wer nicht?
Macht ein Partner-Interview.

→ • Möchtest du das Buch lesen?

• Was gefällt dir an dem Buch?
• Was macht dich neugierig? Warum?

• Was gefällt dir nicht an dem Buch?
• Was möchtest du lieber lesen? Warum?

> Möchtest du das Buch lesen?

> Ja, ich möchte das Buch lesen.

> Was gefällt dir ...

> Mir gefällt ...

**Du hast das Buch Klassenfahrt außer Kontrolle kennen gelernt.
Du hast das Buch vorgestellt.**

> Ich kann einen Steckbrief
> zu einem Buch erstellen.

> Ich kann etwas darstellen,
> das neugierig auf das Buch macht.

> Ich kann begründen, warum ich
> ein Buch lesen möchte oder nicht.

4 Überlege zum Schluss: Was kann ich jetzt?

**Möchtest du deiner Klasse ein eigenes Buch empfehlen?
Du kannst das Buch mitbringen und der Klasse vorstellen.**

Im Eisstadion –
schreiben mit Strategie

Sercan besuchte mit der Klasse das Eisstadion.
Für Sercan wurde der Tag zum besonderen Erlebnis.

→ das Eisstadion,
das Eis,

die Bande,
Sercan,

die Klasse,
die Kinder,
die Freunde,
Schlittschuh
fahren, gleiten ...

 ?

→ vorsichtig, mutig, allein, mithilfe der anderen, an der Hand, an der Bande, mit Schwung, auf das Eis …

die Kinder hielten, sie nahmen, sie ermunterten …

Die Bilder verraten nur einen Teil davon, was Sercan erlebte.
Ihr könnt euch den Rest der Geschichte ausdenken.

1 Was passierte im Eisstadion? Erzählt.

2 Am Ende fuhr Sercan allein über die Eisfläche.
Was passierte davor?
Arbeitet in drei Schritten: allein – zu zweit – in der Klasse.

a) Überlege, was passierte.
b) Sprecht über eure Ideen.
c) Sammelt eure Ideen in einem Cluster.

▶ Think – Pair – Share, S. 172

▶ Einen Cluster anlegen, S. 177

Ihr schreibt eine Geschichte über das Erlebnis von Sercan.
Der Schreib-Profi hilft euch beim Schreiben.
Ihr überarbeitet die Geschichten in einer Schreibkonferenz.

Im Eisstadion – eine Geschichte planen

Ihr schreibt, was im Eisstadion passierte.
Der Schreib-Profi hilft beim Schreiben, Schritt für Schritt.

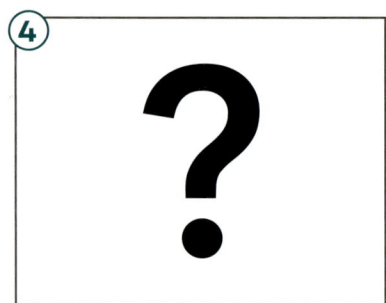

1 Vor dem Schreiben

▶ Schreib-Profi, S. 167

Ich plane meine Geschichte.

▶ Video

1 Überlegt gemeinsam:
- Für wen schreibt ihr?
- Was für einen Text schreibt ihr?

2 Worüber schreibt ihr?
a) Stellt Fragen und beantwortet sie.
b) Schreibt Wörter und Wortgruppen auf.

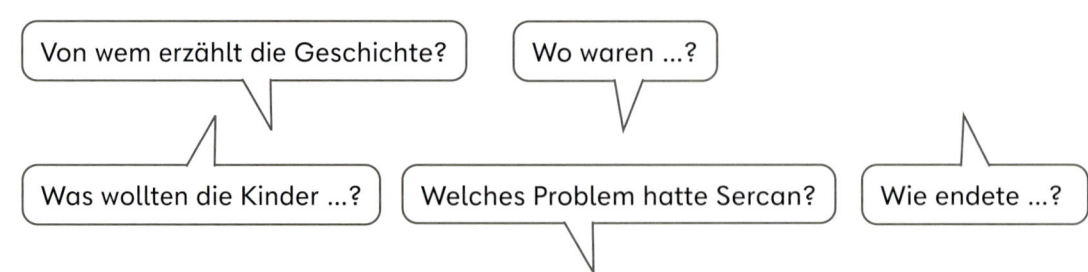

Im Eisstadion – die Geschichte schreiben

▶ Schreib-Profi, S. 167

 2 Beim Schreiben

Ich sammele und ordne.
Welche Wörter brauche ich?

Ich beschreibe genau,
wie etwas ist.
Dann ist meine
Geschichte anschaulicher.

▶ 👆 Video

👁 **1** Wie war es im Eisstadion? Wie war die Eisfläche?

das Eisstadion   die Eisfläche

→ voll, laut,
kalt – eiskalt,
groß – riesengroß,
glatt –
spiegelglatt ...

a) Wählt passende Adjektive aus.
b) Schreibt zwei Sätze auf.

Im Eisstadion war es ...
Die Eisfläche war ... und ...

👁 **2** Wie wirkte Sercan? Wie wirkten die anderen Kinder?

Sercan   die anderen Kinder

→ erschrocken,
froh – traurig,
glücklich –
unglücklich,
mutig – ängstlich,
verzweifelt ...

a) Wählt passende Adjektive aus.
b) Schreibt die Adjektive auf.

Sercan: ...
die anderen Kinder: ...

Im Eisstadion – die Geschichte schreiben

**Du erzählst und schreibst,
was die Kinder im Eisstadion erlebten.**

3 Nimm ein Blatt Papier. Lass oben zwei Zeilen frei.
Diese Zeilen sind für die Überschrift.

4 Schreibe den Anfang der Geschichte.
Wähle den Anfang Ⓐ oder Ⓑ aus.
Oder schreibe einen eigenen Anfang Ⓒ.

Ⓐ Gestern machten die Kinder der Klasse 6
einen Ausflug in das Eisstadion.

Ⓑ Letzte Woche waren Sercan und seine Freunde
im Eisstadion.

Ⓒ gestern • vorgestern • letzte Woche …
die Kinder der Klasse 6 • Sercan und seine Freunde …
besuchten das Eisstadion • gingen zum Eislaufen …

5 Beschreibe das Eisstadion und die Eisfläche.
Verwende deine Sätze von Seite 73, Aufgabe 1.

Im Eisstadion war es …
Die Eisfläche war … und …

Im Eisstadion – die Geschichte schreiben

Sercan und seine Freunde waren im Eisstadion.

 6 Was passierte? Erzähle zu Bild 2. Schreibe es auf.
 – Wähle treffende Verben.
 – Ergänze passende Adjektive von Seite 73.

> Ich achte auf die Verben. Dann können die anderen sich das Erlebnis besser vorstellen.

Die Kinder	flitzten rasten ...	auf dem Eis. über das Eis.

Sie	waren fühlten sich ...	...

Nur Sercan	wartete lehnte ...	hilflos allein	an der Bande. am Rand der Eisbahn.

Er	schaute wirkte ...	...

Die anderen Kinder entdeckten Sercan.

 7 Was passierte als Nächstes? Was sagten die Kinder?
Erzähle zu Bild 3. Schreibe es auf.

> Ich schreibe auf, was die Kinder sagen. Dann ist meine Geschichte lebendiger.

Da Schnell Sofort	kamen eilten fuhren	Lilly und Tom Marie und Sascha ...	zu Sercan. an die Bande. ...

Lilly Tom ...	sagte: rief: meinte: ...	„Wir nehmen dich in die Mitte!" „Ich nehme dich an die Hand." „Du schaffst das!" „..."

„Ich halte dich fest!" „Du kannst an der Bande fahren" „Wir fahren mit dir zusammen"	,	versicherte beruhigte ermunterte ...	Marie. Sascha. ...

Im Eisstadion – die Geschichte schreiben

**Am Ende fuhr Sercan allein über die Eisfläche.
Was passierte davor?**

> Ich achte auf verschiedene Satzanfänge. Das macht die Geschichte spannender.

8 **a)** Wähle eine Idee aus dem Cluster von Seite 71.
   b) Schreibe eigene Sätze.

→ Da • Auf einmal • Plötzlich • Überraschend ...
stand Sercan • fuhr Sercan • nahm Sercan die Hände von ...
mutig • langsam • vorsichtig • freudig ...
auf dem glatten Eis • zwischen den Freunden ...

9 Schreibe das Ende der Geschichte.
Wähle Sätze aus. Oder schreibe ein eigenes Ende.

Lilly Sascha ...	rief: freute sich: ...	„Du hast es geschafft!" „Das hast du toll gemacht!" „..."

Sercan	strahlte lachte ...	,	weil	er sich getraut hatte. er allein über das Eis fuhr. ...

Er	war fühlte sich	...

10 Schreibe eine Überschrift über deine Geschichte.
Wähle eine Überschrift aus.
Oder überlege dir eine eigene Überschrift.

> Ich schreibe eine Überschrift, die neugierig macht.

→ Geschafft! • Ohne Mut geht es nicht • Im Eisstadion

3 **Nach dem Schreiben**

Ich überprüfe meine Geschichte.
Kann ich alles lesen und verstehen?

▶ Schreib-Profi, S. 167

▶  Video

Die Geschichte überarbeiten, eine Schreibkonferenz durchführen

**Ihr könnt eure Geschichten gemeinsam
in einer Schreibkonferenz überarbeiten.**

 **1** **a)** Jeder liest die eigene Geschichte ab Aufgabe 8 vor.
   b) Die anderen hören zu.
      Sie sagen, was ihnen besonders gefällt.

> Mir gefällt
> die Überschrift.
> Sie macht neugierig.

*Mir gefällt an deiner Geschichte ...
Ich finde gut, dass ...
Das hast du prima gemacht: ...*

> Das hast du prima gemacht:
> Du hast auf verschiedene
> Satzanfänge geachtet.

2 Überprüft gemeinsam:
   – Passt dieser Teil der Geschichte zur Überschrift?
   – Passt dieser Teil zum Rest der Geschichte?
   – Habt ihr Gefühle und Gegenstände mit Adjektiven beschrieben?

3 Überarbeite deine Geschichte.

4 Schreibe die fertige Geschichte in schöner Schrift auf.
   Oder schreibe mit dem PC.

5 **a)** Bildet neue Gruppen.
   b) Jeder liest den überarbeiteten Teil der Geschichte vor.

Du hast eine Geschichte mit dem Schreib-Profi geschrieben.

6 Überlege zum Schluss:
   – Was habe ich gut gemacht?
   – Was kann ich jetzt?
   – Worauf bin ich stolz?

→ Ideen sammeln,
eine Geschichte planen,
anschaulich schreiben,
passende Verben
verwenden,
auf Satzanfänge achten,
eine Überschrift finden ...

7 Sprecht zu zweit über eure Überlegungen.

Aus Alt mach Neu –
genau beschreiben

Nächste Woche ist Schulbasar!
Die Klasse 6 möchte etwas verkaufen.
Deshalb will die Klasse Gegenstände bauen.

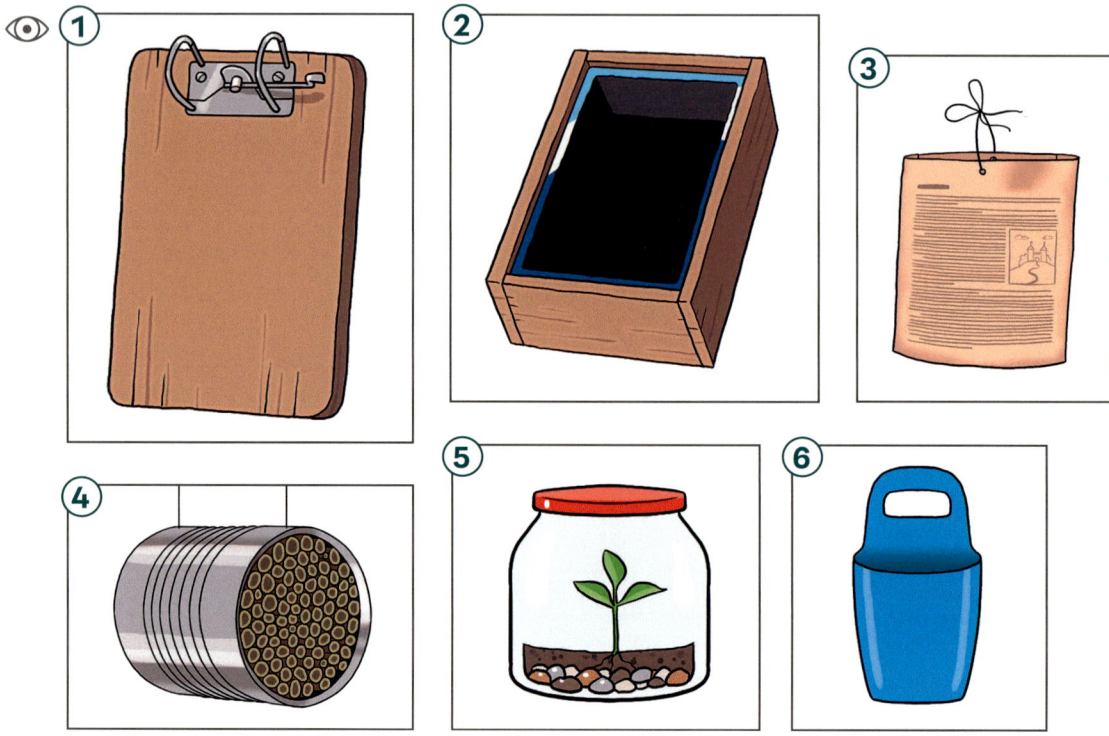

👁 1 2 3 4 5 6

💬 **1** **a)** Welche Gegenstände wollen die Kinder bauen?
     b) Wofür braucht man die Gegenstände?

→   das Klemmbrett • die Geschenktüte • der Handyhalter •
das Insektenhotel • der Pflanztopf • der Flaschengarten

💬 **2** Aus welchen Materialien sind die Gegenstände?

→   alte und gebrauchte Holzteile • Gläser • Dosen • Buchseiten •
Frühstücksbretter • Bambusstäbe • Shampoo-Flaschen ...

📖 **Die Lehrerin sagt:**

> Wir nehmen Abfallmaterial.
> Daraus machen wir neue Gegenstände.
> Man nennt sie Upcycling-Produkte.

💬 **3** **a)** Welche Abfallmaterialien eignen sich für Upcycling-Produkte?
   b) Welche Vorteile haben Upcycling-Produkte?

Zahdi und Milena lesen eine Anleitung.

👁 ①

② ③

> Welche Werkzeuge brauchen wir?

> Was müssen wir tun?

→ ein Cutter
   ein Pinsel
   eine Säge
   Schraubzwingen
   ein Geodreieck

💬 **4** Welche Werkzeuge seht ihr?

💬 **5** Welches Produkt wollen Zahdi und Milena wohl bauen?
   Woran erkennt ihr das?

Ihr schreibt Anleitungen für Upcycling-Produkte.
Ihr beschreibt die einzelnen Arbeitsschritte genau.
Der Schreib-Profi hilft euch dabei.

Einen Pflanztopf bauen – die Arbeitsschritte

**Zahdi und Milena bauen einen Pflanztopf.
Hier seht ihr die Arbeitsschritte.**

1 **a)** Seht euch die Bilder an.
b) Lest die Arbeitsschritte 1–6.

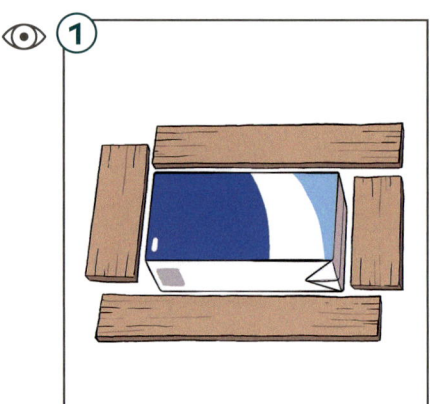

die Holzteile um den
Getränkekarton legen

die Länge der Holzteile
markieren

die Holzteile mit der Säge
kürzen

die kurzen Holzteile an den
Enden mit Leim bestreichen

die Holzteile mit Schraubzwingen fixieren, einen Tag warten

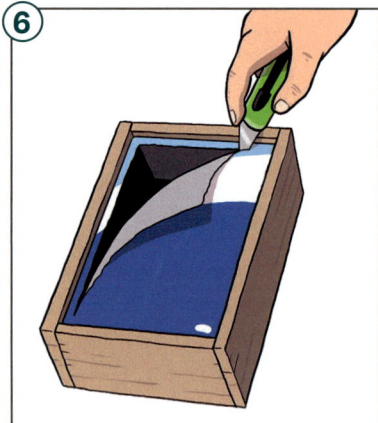

oben in den Getränkekarton
ein Loch schneiden

→ altes Holz • ein leerer Getränkekarton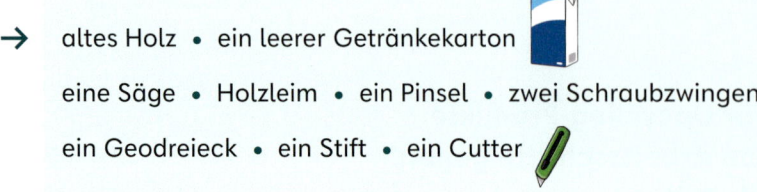

eine Säge • Holzleim • ein Pinsel • zwei Schraubzwingen

ein Geodreieck • ein Stift • ein Cutter

▶ Quiz

Die Anleitung planen, schreiben, überarbeiten

1 Was muss man für den Pflanztopf nacheinander tun?
Arbeitet in drei Schritten: allein – zu zweit – in der Klasse.

▶ Think – Pair – Share, S. 172

a) Lies die Arbeitsschritte noch einmal.

b) Beschreibt euch gegenseitig die Arbeitsschritte.

c) Sammelt eure Ergebnisse in der Klasse.

> Zuerst legt man das Holz um den Getränkekarton ...

Damit auch andere die Upcycling-Produkte bauen können, schreibt die Klasse für jedes Produkt eine Anleitung. Ihr schreibt für die Klasse.

1 **Vor dem Schreiben**

▶ Schreib-Profi, S. 167

▶ Video

2 Überlegt gemeinsam:
– Für wen schreibt ihr?
– Was für einen Text schreibt ihr?

→
- für alle, die gern mit Holz arbeiten
- für alle, die sich für Upcycling interessieren
- für alle, die den Pflanztopf bauen möchten ...

2 **Beim Schreiben**

▶ Schreib-Profi, S. 167

▶ Video

3 **a)** Findet alle Verben in den Arbeitsschritten.

b) Schreibt die Verben in der man-Form auf.

man legt, ...

> Wir beschreiben die Arbeitsschritte in der man-Form.

Ihr schreibt die Anleitung für einen Pflanztopf.

4 Schreibe die Überschrift **Einen Pflanztopf bauen**.

Einen Pflanztopf bauen

*Das braucht man:
altes Holz ...*

5 Welche Materialien und Werkzeuge braucht man?
Schreibe eine Liste.

Die Anleitung planen, schreiben, überarbeiten

Die Reihenfolge der Arbeitsschritte ist wichtig.
Ihr beschreibt die Arbeitsschritte genau.

6 Was muss man nacheinander tun? Bildet Sätze.
Verdeutlicht die Reihenfolge durch passende Satzanfänge.

Zuerst Als Erstes	legt		die Holzteile um den Getränkekarton.
Dann Danach Anschließend Nun	markiert	man	die Länge der Holzteile.
	kürzt		die Holzteile mit der Säge.
	bestreicht		die Holzteile an den kurzen Enden mit Leim.
	fixiert		die Holzteile mit Schraubzwingen.
Zuletzt Zum Schluss	schneidet		oben in den Getränkekarton ein Loch.

7 Schreibe die Schritte in der richtigen
Reihenfolge auf.

Das muss man tun:
Zuerst legt man ...

3 **Nach dem Schreiben**

▶ Schreib-Profi, S. 167

▶  Video

8 **a)** Tauscht eure Anleitungen aus.
b) Überprüft die Anleitungen mithilfe der Checkliste.

Die Anleitung enthält:	ja	noch nicht
eine passende Überschrift	▬	▬
das Material und das Werkzeug	▬	▬
die Schritte in der richtigen Reihenfolge	▬	▬

9 Überarbeite die Anleitung, wenn nötig.

10 Schreibe die fertige Anleitung in schöner Schrift auf.
Oder schreibe mit dem PC.

Eine weitere Anleitung planen und schreiben

Für den Basar gibt es noch mehr Upcycling-Produkte.
Du kannst eine weitere Anleitung schreiben.

Wähle (A) oder (B).

(A) Du schreibst eine Anleitung für einen Handyhalter.

 **1** 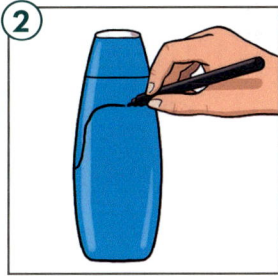 **2** 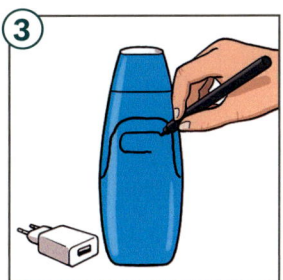 **3**  **4**

1 **a)** Schreibe die Überschrift **Einen Handyhalter bauen**.
    b) Was braucht man? Wähle die richtigen Materialien
       und Werkzeuge aus. Schreibe eine Liste.

→   eine ausgespülte Shampoo-Flasche • ein Cutter •
       Klebstoff • eine Schere • ein Pinsel • ein Stift

Einen Handyhalter bauen
Das braucht man: ...

2 Schreibe die Schritte in der richtigen Reihenfolge auf.   ▶  Hilfe
   Verdeutliche die Reihenfolge durch passende Satzanfänge.

→   • Man zeichnet die Schneidekante auf die Flasche.
     • Man schneidet entlang der Linien.
     • Man entfernt alle Aufkleber von der Flasche.
     • Man zeichnet das Loch für das Netzteil auf die Rückseite.

→ Zuerst ... Dann ...
    Danach ... Nun ...
    Anschließend ...
    Jetzt ... Zuletzt ...

Das muss man tun:
Zuerst entfernt man ...

3 Ergänze am Ende diesen Hinweis
   in der man-Form.

> Du kannst zum Schneiden auch
> einen Cutter verwenden.

Eine weitere Anleitung planen und schreiben

B **Du schreibst eine Anleitung für einen Flaschengarten.**

4 **a)** Schreibe die Überschrift **Einen Flaschengarten anlegen**.
b) Was braucht man? Schreibe eine Liste. ▶ 👆 Hilfe

Einen Flaschengarten anlegen
Das braucht man: ...

5 Schreibe die Schritte in der richtigen Reihenfolge auf. ▶ 👆 Hilfe
Verdeutliche die Reihenfolge durch passende Satzanfänge.
Schreibe für die letzten beiden Schritte eigene Sätze auf.

→
- Man mischt die Erde mit einem Esslöffel Aktivkohle.
- Man verteilt die Kieselsteine auf dem Glasboden.
- Man reinigt das Glas gründlich.
- Man setzt die Pflanzen in die Erde.
- Man verteilt darüber die angemischte Erde.
- ...

→ Zuerst ... Dann ...
Danach ... Nun ...
Anschließend ...
Jetzt ... Zuletzt ...

Das muss man tun:
Zuerst mischt man ...

Du kannst den Flaschengarten
mit Muscheln dekorieren.

6 Ergänze am Ende diesen Hinweis in der man-Form.

  3 Nach dem Schreiben

▶ Schreib-Profi, S. 167

 Video

 1 a) Überprüfe deine Anleitung mithilfe der Checkliste von Seite 82.
b) Überarbeite die Anleitung, wenn nötig.

Ihr stellt euch die Anleitungen gegenseitig vor.

2 a) Bildet gemischte Gruppen.
b) Lest nacheinander die Anleitungen vor.
c) Tippt beim Zuhören auf das passende Bild der Anleitung.

Ihr habt Anleitungen für verschiedene Produkte geschrieben.

 3 Welche Aussagen stimmen für euch?
a) Übertragt die Zielscheibe auf ein DIN-A3-Blatt.
b) Hängt das Blatt im Klassenraum auf.
c) Jedes Kind bewertet für sich die Aussagen in den vier Ecken.

 = Ja, klar!

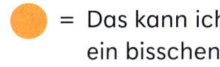 = Das kann ich ein bisschen.

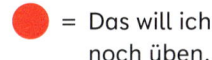 = Das will ich noch üben.

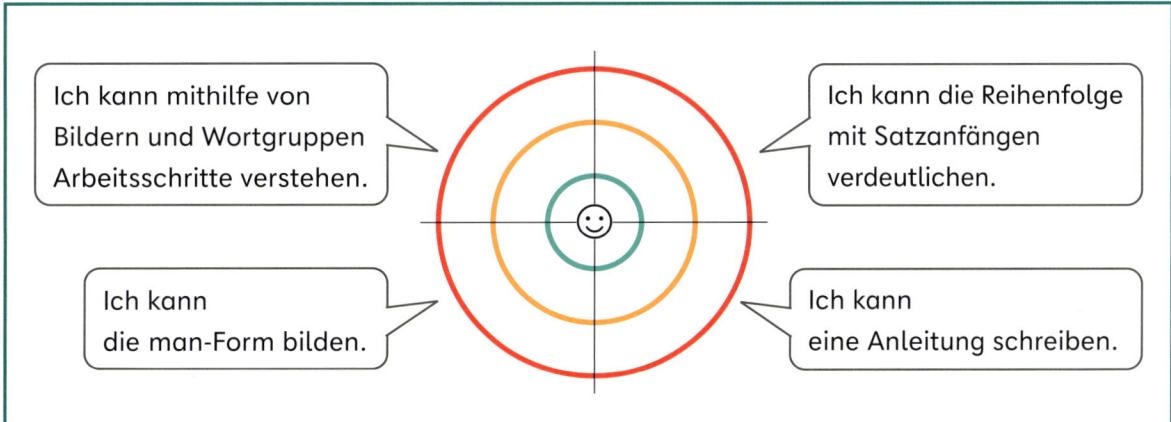

4 Sprecht über die Zielscheibe:
– Was könnt ihr schon gut?
– Was wollt ihr noch üben?

Unser Wandertag –
eine E-Mail schreiben

**Die sechsten Klassen machen am Wandertag
verschiedene Ausflüge. Die Kinder haben noch Fragen.**

1 Eisstadion Bergen.
Mein Name ist Herr Rajab.
Wie kann ich helfen?

Hallo, mein Name ist Paul.
Wie sind denn
Ihre Öffnungszeiten?

2 **6a Klassen-Chat**

Oskar Hi Leute! Wann treffen wir
uns am Wandertag?

Aminat Um 8 Uhr im Klassenraum!

Oskar Okay! Ich freue mich
schon auf den Aquazoo!

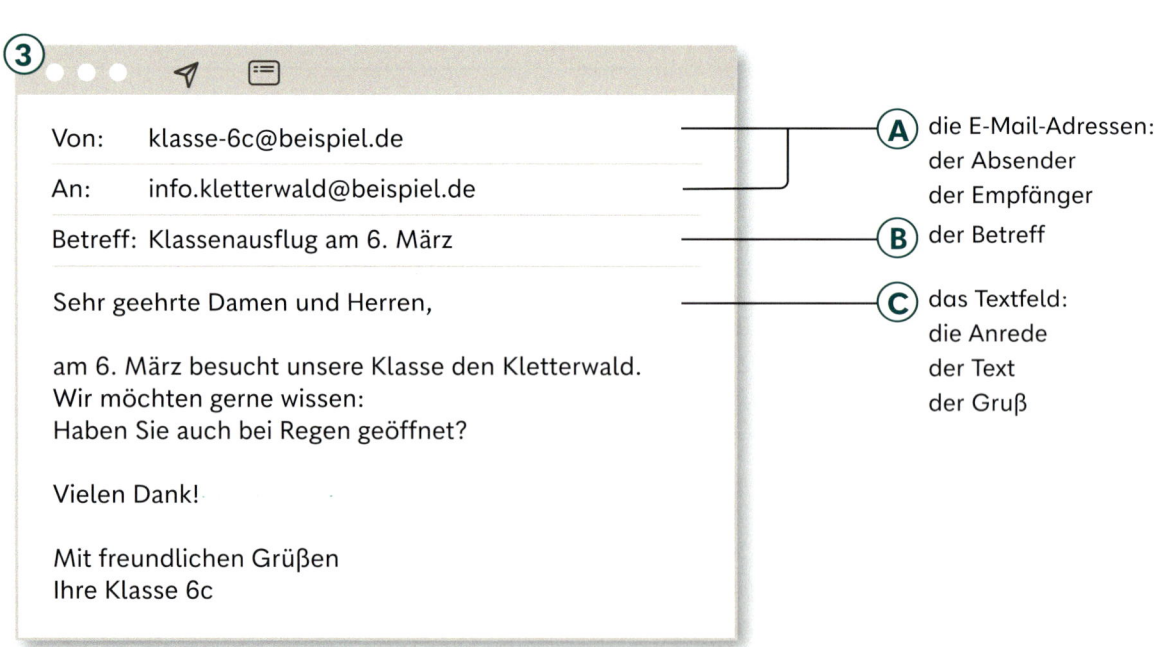

3

Von: klasse-6c@beispiel.de

An: info.kletterwald@beispiel.de

Betreff: Klassenausflug am 6. März

Sehr geehrte Damen und Herren,

am 6. März besucht unsere Klasse den Kletterwald.
Wir möchten gerne wissen:
Haben Sie auch bei Regen geöffnet?

Vielen Dank!

Mit freundlichen Grüßen
Ihre Klasse 6c

A die E-Mail-Adressen:
der Absender
der Empfänger

B der Betreff

C das Textfeld:
die Anrede
der Text
der Gruß

1 Welche Ausflüge machen die Klassen am Wandertag?

2 **a)** Was fragen die Kinder?
   b) Wen fragen die Kinder?

3 **a)** Welche Möglichkeiten zum Fragen nutzen die Kinder?
   b) Welche Möglichkeit nutzt ihr am liebsten?

Die Klasse 6c hat eine E-Mail geschrieben.

4 Was erfahrt ihr in der E-Mail?

→ Wer ist
der Empfänger?
Worum geht es
in der E-Mail?
…

5 Welche Wörter oder Zeichen kennt ihr nicht?
Was bedeuten sie wohl?

6 **a)** Was wisst ihr über E-Mails?
   b) Habt ihr schon mal eine E-Mail geschrieben?
      Worauf achtet ihr, wenn ihr eine E-Mail schreibt?
   c) Wie schickt man eine E-Mail ab?

Ihr schreibt für die Kinder eine E-Mail.
Der Schreib-Profi hilft euch dabei.

Der Aquazoo – eine E-Mail lesen

Die Klasse 6a möchte in den Aquazoo. Die Kinder haben eine Frage. Sie schreiben eine E-Mail an den Aquazoo.

Von: klasse-6a@beispiel.de

An: meier.aquazoo@beispiel.de

Betreff:

Sehr geehrte Frau Meier,

am 6. März besuchen wir den Aquazoo.
Wir möchten gerne wissen:
Welche Tiere werden an diesem Tag gefüttert?

Vielen Dank für Ihre Antwort!

Mit freundlichen Grüßen
Ihre Klasse 6a

1 **a)** Beantwortet die folgenden Fragen.
Nennt passende Wörter und Wortgruppen.
  – Wer ist der Absender der E-Mail?
  – Wer ist der Empfänger?
  – Worum geht es in der E-Mail?

▶  Hilfe

b) Vergleicht eure Antworten in der Klasse.

Am Betreff soll man soll sofort erkennen, worum es in der E-Mail geht. Die Kinder haben Ideen gesammelt.

→ Tierfütterung am 6. März • Frage an den Aquazoo •
Übersicht über die Tierfütterung • Welche Tiere werden gefüttert?

2 Welcher **Betreff** passt am besten? Welcher Betreff passt nicht?
Arbeitet in drei Schritten: allein – zu zweit – in der Klasse.
  a) Überlege zunächst für dich allein.
  b) Sprecht über eure Antworten.
  c) Vergleicht eure Antworten in der Klasse.

▶ Think – Pair – Share, S. 172

Die Trampolinhalle – eine E-Mail planen

Die Klasse 6d möchte in die Trampolinhalle.
Die Kinder haben noch eine Frage.
Ihr schreibt für die Klasse eine E-Mail.

Von: klasse-6d@beispiel.de
An: trampolinhalle@beispiel.de

Unsere Frage:
Können wir eigenes Essen mitbringen?

1 Vor dem Schreiben

▶ Schreib-Profi, S. 167

 Video

 1 Überlegt gemeinsam:
– Für wen schreibt ihr?
– Was für einen Text schreibt ihr?

→ die Mitarbeitenden
der Trampolin-
halle,
die Empfänger
der E-Mail ...

 2 Schreibe die E-Mail-Adressen in dein Heft.

Jede E-Mail hat eine Anrede am Anfang und einen Gruß am Ende.

 3 **a)** Welche **Anreden** passen gut? Begründet.
b) Welche Anrede passt nicht gut? Begründet.
c) Schreibt eine passende Anrede in euer Heft.

→ Hallo liebes Team von der Trampolinhalle, • Hi, •
Lieber Herr ..., • Sehr geehrte Frau ..., • Guten Tag, ...

 4 **a)** Welche **Grüße** passen gut? Begründet.
b) Welcher Gruß passt nicht gut? Begründet.
c) Schreibt einen passenden Gruß in euer Heft.

→ Viele Grüße • Freundliche Grüße • Liebe Grüße •
Tschüss • Mit freundlichen Grüßen ...

Die Trampolinhalle – die E-Mail schreiben und überarbeiten

Du schreibst die E-Mail an die Trampolinhalle.

 2 Beim Schreiben

▶ Schreib-Profi, S. 167

 ▶ Video

 1 Nimm ein Blatt Papier. Lass oben drei Zeilen frei.
Dahin schreibst du später die E-Mail-Adressen und den Betreff.

 2 **a)** Schreibe eine passende Anrede auf.
b) Schreibe den Text für die E-Mail.
c) Ergänze einen Gruß.
Tipp: Nutze deine Notizen von Seite 89.

am 6. März	wird unsere Klasse werden wir	die Halle besuchen. in die Trampolinhalle gehen.

Wir	haben	noch	eine Frage.
	möchten		etwas wissen.

Können wir	in die Trampolinhalle	Verpflegung	mitbringen?
Kann man	in der Trampolinhalle	Essen und Getränke	kaufen?

Vielen Dank! Danke schön!

 3 **a)** Ergänze die E-Mail-Adressen.
b) Ergänze einen passenden Betreff.

Von:	klasse-6d@beispiel.de
An:	trampolinhalle@beispiel.de

→ Frage für den Wandertag • Wir haben eine Frage • Frage nach Verpflegung am 6. März ...

 3 Nach dem Schreiben

▶ Schreib-Profi, S. 167

 ▶ Video

  4 **a)** Überprüfe die E-Mail.
b) Überarbeite die E-Mail, wenn nötig.

Eine weitere E-Mail schreiben

Mit den folgenden Aufgaben schreibt ihr eine weitere E-Mail.
Arbeite allein oder arbeitet zu zweit. Wähle (A) oder (B).

(A) **Die Klasse schreibt an die Bücherei.**
Die Kinder möchten eine Bücherkiste
zum Thema Olympia ausleihen.

1 a) Nimm ein Blatt Papier. Lass oben drei Zeilen frei.
b) Schreibe den Text für die E-Mail.

| Liebe Mitarbeiterinnen und Mitarbeiter, |
| ..., |

| wir | benötigen brauchen | Bücher Informationen | über | die Geschichte der Olympischen Spiele. die Paralympischen Spiele. |

| Wie lange Bis wann | kann man können wir | die Bücherkiste die Kiste | ausleihen? |

| Kann man Können wir | auch | Filme Videos | über das Thema zum Thema | ausleihen? |

| Danke schön! |
| Vielen Dank! |

| Mit freundlichen Grüßen, | die Klasse 6b |
| ..., | die Klassensprecher |

2 Ergänze die E-Mail-Adressen.

> Von: klasse-6b@beispiel.de
> An: stadtbuecherei@beispiel.de

3 Ergänze einen passenden Betreff.

→ Bücherkiste • Olympische Spiele •
Bücherkiste zu den Olympischen Spielen ...

Eine weitere E-Mail schreiben

 B Die Klasse möchte zusammen ins **Eisstadion**.
Die Kinder schreiben an das Eisstadion.

Von: *klasse-6b@beispiel.de*
An: *eisstadion@beispiel.de*

unsere Fragen:
– Können wir uns Schlittschuhe ausleihen?
– Was kosten die Schlittschuhe?

 4 **a)** Nehmt ein Blatt. Lasst oben drei Zeilen frei.
   b) Schreibt die E-Mail für die Klasse.
   Tipp: Denkt an die Anrede und den Gruß.

   ...

   Unsere Klasse möchte am 6. März in das Eisstadion gehen.
   Wir haben noch Fragen zu dem Ausflug.
   ...
   ...

 5 **a)** Ergänzt die E-Mail-Adressen.
   b) Schreibt einen passenden Betreff auf.

Du hast Ⓐ oder Ⓑ gewählt. Du überarbeitest die E-Mail.
Arbeite allein oder arbeitet zu zweit.

 3 **Nach dem Schreiben**

▶ Schreib-Profi, S. 167

▶  Video

6 **a)** Überprüfe die E-Mail.
   b) Überarbeite die E-Mail, wenn nötig.

7 Schreibe die E-Mail in schöner Schrift auf.
   Oder schreibe mit dem PC.

Die E-Mails vorlesen

Ihr habt E-Mails für die Klasse 6 geschrieben.
Ihr lest eure E-Mails vor.

 1 Bildet Vierergruppen.
Achtet darauf, dass ihr in der Gruppe
verschiedene E-Mails geschrieben habt.

 2 **a)** Lest euch reihum eure E-Mails vor.
b) Gebt euch gegenseitig Feedback:
Was hat euch besonders gut gefallen?

> Mir gefällt
> der Gruß ...,
> weil ...

> Ich finde die Anrede ...
> besonders gelungen.

> Das gefällt mir: Am Betreff ...
> erkenne ich schnell, worum es geht.

Du hast eine E-Mail mit dem Schreib-Profi geschrieben.
Du hast Feedback zu deiner E-Mail bekommen.

 3 **a)** Überlege zum Schluss: Was kann ich jetzt?
b) Schreibe es als E-Mail in dein Heft.
Tipp: Du kannst zum Beispiel an eine Freundin oder
einen Lehrer schreiben.

> *Betreff: ...*
>
> *Hallo ...,*
> *ich kann jetzt ...*
> *Ich achte besonders darauf, dass ...*
> *Ich möchte noch etwas mehr über ... wissen.*
> *Liebe/Viele ...*

Du kannst deine E-Mail auch mit deinem E-Mail-Programm
schreiben und abschicken.

Orientierung in Europa –
sich im Internet informieren

**Die Kinder der Klasse 6 möchten Steckbriefe
über europäische Länder schreiben.**

Wo finden wir Informationen über Weißrussland?

Ich frage meinen Vater. Er ist Experte für Albanien!

In der Stadtbücherei gibt es bestimmt Sachbücher über Italien!

**Die Kinder sammeln Ideen, wo sie Informationen
für die Steckbriefe finden können.**

1 **a)** Welche Ideen seht ihr auf den Bildern?
    b) Welche Ideen nennen die Kinder?
    c) Welche Ideen habt ihr bereits ausprobiert?

2 Welche weiteren Ideen habt ihr?

Einige Kinder möchten die Informationen im Internet finden.

Im Internet gibt es Texte, Bilder, Videos und Podcasts!

Stimmt! Aber wie genau finden wir dort Informationen zu den Ländern?

Wir nutzen eine Suchmaschine.

Kindersuchmaschinen finde ich gut!

> Manche Suchmaschinen sind extra für Kinder.
> Die Kindersuchmaschinen haben weniger Ergebnisse.
> Die Ergebnisse werden für Kinder geprüft.
> Es gibt weniger Werbung.

3 **a)** Was sind die Vorteile einer Suchmaschine für Kinder?
b) Welche Kindersuchmaschinen kennt ihr?
c) Welche weiteren Suchmaschinen kennt ihr?

Beritan und Maik möchten die Informationen für ihren Steckbrief auch im Internet finden.

Wie nutze ich eine Suchmaschine?

Was muss ich dort eingeben?

Wie wähle ich ein Suchergebnis aus?

4 Habt ihr schon mal gezielt Informationen im Internet gefunden? Wie habt ihr das gemacht?

In diesem Kapitel probiert ihr eine Suchmaschine aus. Ihr findet Informationen im Internet und ihr schreibt einen Steckbrief.

Frankreich –
eine Kindersuchmaschine kennen lernen

**Beritan und Maik wollen einen Steckbrief über Frankreich schreiben.
Sie suchen Informationen mit der Suchmaschine fragFinn.**

1 a) Was entdeckt ihr auf der Internetseite der Suchmaschine?
   b) Welche Wörter lest ihr?
   c) Welche Wörter versteht ihr nicht?

2 Wie heißen die Teile der Internetseite?
   a) Ordnet den Teilen Ⓐ – Ⓓ
       die passenden Wörter zu.

   → das Suchfeld • das Suchergebnis •
       das Suchwort • die Web-Adresse

   > Ⓑ das Suchfeld:
   > In das Suchfeld gibt
   > man das Suchwort ein.

   b) Schreibt zu den Wörtern eine Erklärung in euer Heft. ▶ 🖱 Quiz
   c) Vergleicht eure Ergebnisse in der Klasse.

Frankreich – passende Suchwörter nutzen

Beritan hat ein Suchwort in das Suchfeld eingegeben.
Sie sieht sich die Suchergebnisse an.

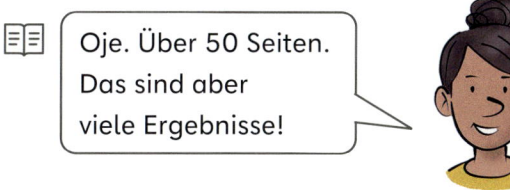

Oje. Über 50 Seiten.
Das sind aber
viele Ergebnisse!

3 Welches Suchwort hat Beritan eingegeben?
Findet es auf der Internetseite.

Maik gibt Beritan einen Tipp.

Beschreibe genau,
welche Information du suchst.
Du kannst auch Wortgruppen nutzen.

4 a) Welches Suchwort passt wohl am besten?
Schreibt es in euer Heft.

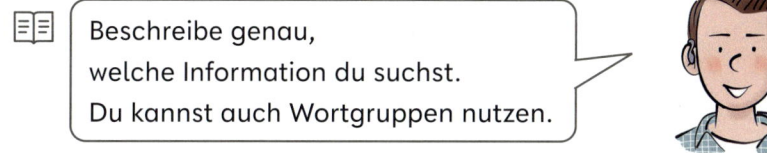

→ Hauptstadt • Steckbrief Länder • Europa •
Städte in Frankreich • Steckbrief Frankreich

b) Warum passen die anderen Suchwörter nicht gut?
Begründet eure Antwort.

5 Probiert selbst eine Suchmaschine aus.
Tipp: Ihr könnt www.fragfinn.de ausprobieren.
Ihr könnt zum Beispiel auch www.helles-koepfchen.de nutzen.
a) Gebt passende Suchwörter in das Suchfeld ein.
b) Überprüft eure Suchwörter: Welche passen am besten?
c) Vergleicht eure Ergebnisse in der Klasse.

Frankreich –
passende Suchergebnisse auswählen

Beritan sieht sich einzelne **Suchergebnisse** genauer an.

①

Französische Bulldogge		
Steckbrief Französische Bulldogge		
	Größe	25–34 cm
	Gewicht	8–14 kg
	Herkunft	Frankreich
	Farben	Schwarz, Braun …

②

Frankreich			
Steckbrief	Land	Leute	Tiere & Pflanzen
	Größe	643 801 km^2	
	Einwohner	67,75 Millionen (Stand: 2022)	
	Sprache	Französisch	
	Hauptstadt	Paris	

1 a) Worum geht es in den Suchergebnissen?
   b) Welches Suchergebnis hilft Beritan für ihren Steckbrief? Begründet.

Maik möchte Informationen über berühmte Gebäude in der Hauptstadt finden.

2 a) Wie heißt die Hauptstadt von Frankreich?
      Tipp: Suchergebnis ② hilft euch.
   b) Welche Suchwörter könnte Maik eingeben?   ▶  Hilfe

Ihr wollt weitere Informationen über das Land Frankreich finden.

 3 Welche Informationen möchtet ihr finden? Wählt aus:
- – Probiert eure Suchwörter von Aufgabe 2 aus.
- – Wählt ein Thema vom Rand aus.
  Formuliert passende Suchwörter und probiert sie aus.

→ die Flagge,
die Meere,
der längste Fluss,
berühmte
Personen,
besondere Orte …

 4 Wählt ein passendes Suchergebnis aus.

Beritan möchte für ihren Steckbrief ein Bild vom Eiffelturm finden.

Gabriele Maltinti

Kaito Wai

Catarina Belova

 5 Welches Suchergebnis eignet sich wohl am besten
für den Steckbrief? Begründet.

▶  Hilfe

**Wenn du ein Bild aus dem Internet verwendest,
musst du die Quelle angeben.**

 6 **a)** Findet die Quellen zu den Bildern von Aufgabe 5.
b) Schreibt die Quelle zu eurem Bild auf.

Quelle: …

→ die Quelle:
die Fotografin
oder der Fotograf,
die Internetseite

Unser Steckbrief –
Informationen im Internet finden

Ihr schreibt einen Steckbrief über ein Land in Europa.
Dazu findet ihr die Informationen im Internet.
Arbeitet in der Gruppe.

1 Plant euren Steckbrief.

   a) Einigt euch auf ein Land.   ▶ Hilfe

   b) Welche Informationen möchtet ihr
      über das Land finden?
      Wählt mindestens vier Themen aus.

> → die Größe • die Einwohnerzahl • die Hauptstadt • …
> der längste Fluss • der höchste Berg • die größte Stadt • …
> die Sprache • berühmte Gebäude • berühmte Personen • …

   c) Teilt die Themen untereinander auf.

2 **a)** Finde im Internet Informationen zu deinem Thema.   ▶ Informationen im
    b) Schreibe die Informationen in dein Heft.   Internet finden, S. 174

                                           ▶ Video

3 Findet eine besondere Information über das Land.
Tipp: Ihr könnt auch passende Bilder ergänzen.
Denkt dann an die Quellenangabe.   → die Quelle:
                                               die Fotografin
                                             oder der Fotograf,

> → • ein besonderes Essen
> • eine ungewöhnliche oder lustige Information   die Internetseite
> • …

Ihr schreibt den Steckbrief.

4 Schreibt den Steckbrief über euer Land gut lesbar
auf ein großes Blatt. Oder schreibt mit dem PC.
  – Schreibt das Land als Überschrift auf.
  – Schreibt eure Themen von Aufgabe 1
    untereinander auf.
  – Ergänzt eure Informationen von Aufgabe 2 und 3.

> *Steckbrief über Ungarn*
>
> *die Hauptstadt: Budapest*
> *der größte See: …*
>
> *…*

Die Steckbriefe zeigen

Ihr habt Steckbriefe über europäische Länder geschrieben.
Ihr zeigt eure Steckbriefe in der Klasse.

🖐 **1** Heftet eure Steckbriefe an eine große Europakarte oder
an eine Pinnwand.

💬 **2** **a)** Seht euch die Steckbriefe aufmerksam an.
b) Sammelt eure Eindrücke.

Mir gefällt besonders gut ...

Mich überrascht ...

Ihr habt eine Suchmaschine ausprobiert.
Ihr habt Informationen im Internet gefunden.

💬 **3** Welche Aussagen stimmen für euch?
a) Übertragt die Zielscheibe auf ein DIN-A3-Blatt.
b) Hängt das Blatt im Klassenraum auf.
c) Jedes Kind bewertet für sich die Aussagen
in den vier Ecken.

● = Ja, klar!
● = Das kann ich ein bisschen.
● = Das will ich noch üben.

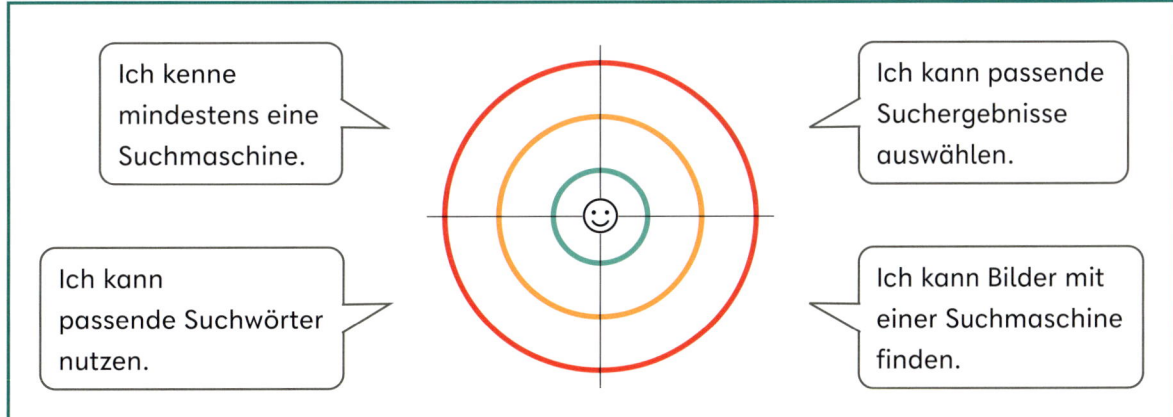

Ich kenne mindestens eine Suchmaschine.

Ich kann passende Suchergebnisse auswählen.

Ich kann passende Suchwörter nutzen.

Ich kann Bilder mit einer Suchmaschine finden.

💬 **4** Sprecht über die Zielscheibe:
– Was könnt ihr schon gut?
– Was wollt ihr noch üben?

Laute und Buchstaben
Auf Vokale achten

Die Buchstaben stehen für Laute.

1 **a)** Lest alle Buchstaben laut.
Achtet darauf, wie die Laute beim Lesen klingen.

b) Welche Laute könnt ihr leichter sprechen und hören?

Aa Bb **Ee** Ff Gg **Ii** Ll Mm Nn **Oo** Pp Rr Ss Tt **Uu**

2 **a)** Versuche, die Wörter zu sprechen.

b) Was fehlt in den Wörtern?

   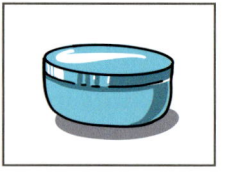

der ▮pf▮l   die B▮n▮n▮   die L▮m▮n▮d▮   die Br▮td▮s▮

c) Schreibe die Wörter richtig in dein Heft.

d) Markiere die Vokale.

! **a, e, i, o, u** bringen Wörter zum Klingen.
a, e, i, o, u heißen **Vokale** (Selbstlaute).

Es gibt auch **Konsonanten** (Mitlaute), zum Beispiel b, f, m.

---

3 Was gibt es heute in der Mensa zu essen?
Schreibe die Wörter richtig in dein Heft.

▶  Extra

N▮d▮ln mit G▮l▮sch, S▮l▮t, ▮bst
  u e   u a   a a   O

F▮l▮f▮l mit L▮ns▮n, P▮zz▮, K▮ch▮n
 a a e   i   e   i   a   u   e

Verbundene Vokale: ei, eu

Nächste Woche macht die Klasse eine Reise.

 1 Die Kinder fr**eu**en sich **au**f nächste Woche.

2 Dann machen sie gem**ei**nsam **ei**ne R**ei**se.

3 Am Fr**ei**tag um n**eu**n Uhr geht es los.

 1 Lest die Sätze laut.

 2 **a)** Schreibt die Wörter mit den **blauen** Buchstaben an die Tafel.

b) Was haben die Wörter gemeinsam?
Tipp: Lest nur die **blauen** Buchstaben vor.

Die Wörter haben alle ...

 Manchmal sind **zwei Vokale** verbunden.
Auch **verbundene Vokale (Zwielaute)**
bringen Wörter zum Klingen:

(ei) (au) (eu)

 3 **a)** Lies diese Wörter leise.

die Freundin   neu   das Eis   frei   wir heulen
leise   wir schreiben   teuer   die Eule   die Zeit

b) Sprich die Wörter langsam und schreibe sie gleichzeitig.

c) Markiere die verbundenen Vokale.

die Fr(eu)ndin

 **4** **a)** Schreibt weitere Wörter mit **ei** und **eu** auf kleine Zettel. Hilfe

b) Hängt die Zettel in zwei Ecken des Klassenraumes auf.

 5 Übe mindestens zehn Wörter von Aufgabe 4 als Laufdiktat. ▶ Laufdiktat, S. 171

Wörter mit B/b

1 Was seht ihr auf den Bildern?
Sprecht die Wörter laut und deutlich.

   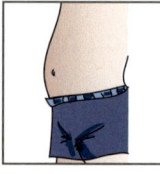  

das **B**ild   der **B**erg   der **B**agger   der **B**auch   die **B**lume   das **B**rot

2 Schreibe die Wörter in dein Heft. Markiere alle **B**.

3 a) Lest diese Wörter laut.
b) Wo steht **B** oder **b**?

das Brille	der Kleber	wir bringen	wir schreiben	breit
die Burg	die Taube	wir blättern	wir haben	böse
die Birne	die Gabel	wir benutzen	wir leben	blau

4 a) Schreibe die Wörter aus Aufgabe 3 in dein Heft.   ▶  Extra
b) Markiere alle **B/b**.

5 Schreibt jeweils zehn Wörter mit **B** oder **b** als Partnerdiktat.   ▶ Partnerdiktat, S. 171

6 a) Finde drei weitere Wörter mit **B** oder **b**.   ▶ Wörterliste, S. 182–191
b) Bilde mit jedem Wort einen Satz. Markiere alle **B/b**.

7 Schreibe die Sätze ab. Markiere alle **B/b**.   ▶ Sätze abschreiben, S. 170

1 **Ben** hat | **Geburtstag.** |

2 Seine Mutter | **backt** | einen Kuchen. |

3 Auf dem Tisch | stehen | **bunte Blumen.** |

4 **Sabrina** und Isat | **bringen** | ein Geschenk.

Wörter mit P/p

1 Was seht ihr auf den Bildern?
Sprecht die Wörter laut und deutlich.
Deutet dabei mit dem Finger auf das passende Bild.

→ der **P**insel
der **P**irat
das **P**aket
die **P**izza

2 Schreibe die Wörter in dein Heft. Markiere alle **P**.

3 Was tun die Menschen?

→ sie **p**utzen
sie **p**acken
sie **p**robieren
sie **p**lanen

4 **a)** Schreibe zu jedem Bild einen Satz in dein Heft.
b) Markiere alle **p**.

▶ Hilfe

Sie p̶utzen den Boden.

c) Sind die Sätze richtig geschrieben? Überprüft zu zweit.

5 Schreibt jeweils zehn Wörter mit **P** oder **p** als Partnerdiktat.

▶ Partnerdiktat, S. 171

6 **a)** Was tun die Kinder? Lies die Sätze laut.
b) Schreibe die Sätze in dein Heft.
Ergänze die passenden Wörter. Markiere **P/p**.

▶ Sätze abschreiben, S. 170

1 Die Kinder | sind | in der ▆▆▆▆▆. |

2 Billi malt | ein ▆▆▆▆▆. |

3 Marie ▆▆▆▆▆ | eine Banane.

→ Pause
Plakat
probiert

Wörter mit G/g

1 Was seht ihr auf den Bildern?
Sprecht die Wörter laut und deutlich.

die **G**iraffe   das **G**eld   die **G**ans   die **G**itarre   die **G**locke   das **G**las

2 Schreibe die Wörter in dein Heft. Markiere alle **G**.

3 **a)** Lest diese Wörter laut.
   b) Wo steht **G/g**?

die **G**abel	das Re**g**al	wir **g**eben	wir lie**g**en	**g**roß
der **G**ast	der Spie**g**el	wir **g**ewinnen	wir zei**g**en	**g**elb
der **G**esicht	der Vo**g**el	wir **g**ucken	wir schwei**g**en	**g**ut

4 **a)** Schreibe die Wörter aus Aufgabe 3 in dein Heft.   ▶ Extra
   b) Markiere alle **G/g**.

5 Schreibt jeweils zehn Wörter mit **G** oder **g** als Partnerdiktat.   ▶ Partnerdiktat, S. 171

6 **a)** Finde drei weitere Wörter mit **G** oder **g**.   ▶ Wörterliste, S. 182–191
   b) Bilde mit jedem Wort einen Satz. Markiere alle **G/g**.

7 Schreibe die Sätze ab. Markiere alle **G/g**.   ▶ Sätze abschreiben, S. 170

  1 Die Kinder | arbeiten | im **grünen Schulgarten.** |

  2 John und Max **fegen** | die **Wege.** |

  3 Sina will | **gleich** | das **Gras** mähen. |

  4 Kai möchte | das Beet | **umgraben.**

Wörter mit K/k

1 Was seht ihr auf den Bildern?
Sprecht die Wörter laut und deutlich.
Deutet dabei mit dem Finger auf das passende Bild.

→ der Käse
der Kuchen
die Kerze
das Kleid

2 Schreibe die Wörter in dein Heft. Markiere alle **K**.

3 **a)** Lest diese Wörter laut.
b) Wo steht **K/k**?

die **K**lasse   das Ferkel   wir **k**aufen   wir schaukeln   kaputt
das **K**ino   die Wolke   wir **k**önnen   wir erklären   kurz

4 **a)** Schreibe die Wörter aus Aufgabe 3 in dein Heft.   ▶ Extra
b) Markiere alle **K/k**.

5 **a)** Finde drei weitere Wörter mit **K** oder **k**.   ▶ Wörterliste, S. 182–191
b) Bilde mit jedem Wort einen Satz. Markiere alle **K/k**.

6 Schreibe die Sätze ab. Markiere alle **K/k**.   ▶ Sätze abschreiben, S. 170

1 Jaris und Silas | wollen **kochen**. |

2 Die **Kinder** | **kaufen** die Zutaten. |

3 Jaris holt | die **Karotten**. |

4 Silas holt | die **Kartoffeln**. |

5 Am Ende | ist der **kleine Korb** | voll.

7 **a)** Schreibt zehn Wörter mit **G/g** oder **K/k** auf kleine Zettel.   ▶ Hilfe
b) Übt die Wörter mit einem Laufdiktat.   ▶ Laufdiktat, S. 171

Mitsprechwörter – Nachdenkwörter
Wörter mit doppelten Konsonanten

Die Klasse 6 will draußen essen.
Jeder schreibt auf, was er mitbringen soll:

ein Teller, eine Tasse, ein Messer, ein Löffel

1 **a)** Klatscht oder schwingt die Wörter.
b) Schreibt die Wörter Silbe für Silbe an die Tafel.
c) Malt Silbenbögen.

ein Teller

2 **a)** Lies diese Wörter Silbe für Silbe.
Tipp: Du kannst die Wörter klatschen oder schwingen.

▶ Audio

b) Welche Laute werden doppelt gesprochen?

die Tasse	das Messer	der Löffel	die Butter	das Wetter
wir rennen	wir sammeln	wir klettern	wir hoffen	wir essen
offen	bitter	besser	doppelt	zusammen

3 **a)** Schreibe jedes Wort Silbe für Silbe ab.
b) Male Silbenbögen.

▶ Mitsprechwörter
abschreiben, S. 168

4 Welche doppelten Konsonanten passen?
a) Ergänze die passenden doppelten Konsonanten.
b) Sprich jedes Wort Silbe für Silbe.

▶ Extra

→ ll
nn
ss
tt

der Se ▢▢ el   der Pu ▢▢ i   der Ze ▢▢ el   die Spi ▢▢ e

c) Schreibe jedes Wort Silbe für Silbe in dein Heft.
d) Male Silbenbögen.

Wörter mit doppelten Konsonanten

Auch diese Wörter schreiben wir mit doppelten Konsonanten.

5 Lest die Wörter laut und deutlich vor. Achtet auf den Vokal. ▸ 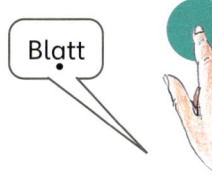 Audio
Tippt beim Vokal einen Punkt in die Luft.

das Bl**a**tt   das F**e**ll   die N**u**ss   das Sch**i**ff

6 **a)** Schreibt die Wörter in einer Reihe an die Tafel.
b) Markiert die Vokale.

*das Bl**a**tt   das F**e**ll*

7 **a)** Verlängert die Wörter. ▸  Audio
b) Ergänzt die verlängerten Wörter an der Tafel.
c) Malt Silbenbögen.

Viele Wörter mit einer Silbe können wir verlängern.
Dann können wir die Wörter Silbe für Silbe sprechen.

8 **a)** Lest die Wörter laut. Tippt beim Vokal einen Punkt in die Luft.
b) Verlängert die Wörter. Sprecht die Wörter Silbe für Silbe. ▸ Wörterliste, S. 182–191

das B**e**tt, der M**a**nn, der K**a**mm, der Fl**u**ss, der B**a**ll, der St**o**ff,
er w**i**ll, sie k**o**mmt, er r**e**nnt, sie schw**i**mmt, schn**e**ll, d**ü**nn

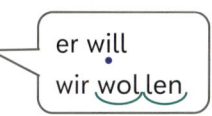

9 **a)** Schreibe die Wortpaare in dein Heft.
b) Markiere die Vokale. Male Silbenbögen.

*das B**e**tt → die Betten*

▸ Mitsprechwörter,
Nachdenkwörter
abschreiben, S. 168

Hier kannst du zeigen, was du gelernt hast:
Ich kann Wörter mit doppelten Konsonanten richtig schreiben. ▸  Quiz

10 **a)** Schreibt zehn Wörter aus dem Kapitel als Partnerdiktat. ▸ Partnerdiktat, S. 171
b) Erklärt, was euch beim Schreiben hilft.

Nachdenkwörter
Wörter mit b, d, g am Ende

**Linus schreibt einen Text für die Klassenzeitung.
Linus ist bei manchen Wörtern nicht sicher,
wie er sie schreiben muss.**

1 Am **Wanderta**▮ fährt unsere Klasse mit dem **Ra**▮.

2 Mein **Freun**▮ Tim will zur alten **Bur**▮.

3 Der **We**▮ dahin ist **steini**▮.

4 Wir müssen **vorsichti**▮ sein.

 1 Was macht die Klasse?

2 **a)** Wie muss Linus die **blauen** Nomen und
Adjektive schreiben?
b) Wie kann er das herausfinden?

▶ Hilfe

**Die blauen Nomen und Adjektive sind Nachdenkwörter.
Linus muss die Wörter** ▮▮▮▮▮▮▮.

 3 **a)** Verlängert die **blauen** Nomen und Adjektive.
b) Schreibt die Wortpaare an die Tafel.
c) Schreibe die Wortpaare von der Tafel ab.
Markiere **b**, **d** oder **g**.

▶ Wörterliste, S. 182–191

der Wanderta⭕g⭕ (→ Wanderta⭕g⭕e)
steini⭕g⭕ (→ steini⭕g⭕er)

4 **a)** Lies die Nomen und Adjektive laut vor.

▶ Audio

wüten▮, das Lan▮, der Wal▮, der Köni▮, das Fel▮, → b? d? g?
run▮, der Flu▮, der Zu▮, gesun▮, klu▮, der Aben▮,
wichti▮, der Die▮, lie▮, gel▮, der Kor▮

b) Verlängere die Nomen und Adjektive.
c) Schreibe die Wortpaare auf.
Markiere **b**, **d** oder **g**.

▶ Wörterliste, S. 182–191

Zusammengesetzte Nomen mit b, d, g

Linus schreibt seinen Text für die Klassenzeitung weiter:

5 Am **Bur■tor** wollen wir Fotos machen.

6 Später wollen wir **Han■ball** neben der **Bur■ruine** spielen.

7 Erst zum **Aben■brot** kommen wir wieder nach Hause.

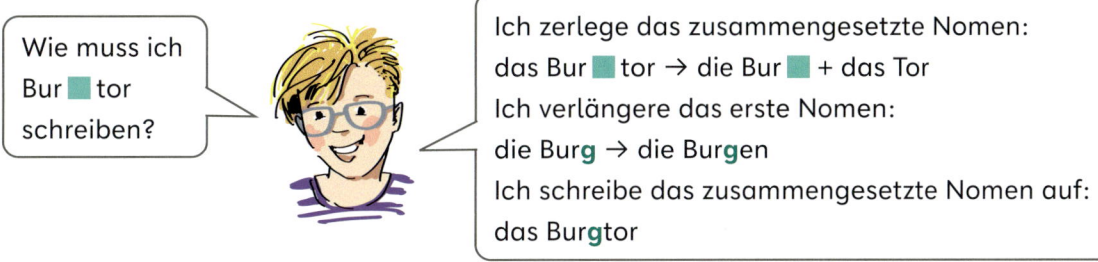

Wie muss ich Bur■tor schreiben?

Ich zerlege das zusammengesetzte Nomen:
das Bur■tor → die Bur■ + das Tor
Ich verlängere das erste Nomen:
die Burg → die Burgen
Ich schreibe das zusammengesetzte Nomen auf:
das Burgtor

1 Linus denkt nach, wie er die **zusammengesetzten Nomen** schreiben muss. Wie möchte Linus das herausfinden?

2 **a)** Zerlegt die **zusammengesetzten Nomen**.
b) Verlängert jeweils das erste Nomen.
c) Setzt die Nomen wieder zusammen. Schreibt sie an die Tafel.

die Burg + das Tor → das Burgtor

3 Wie musst du diese zusammengesetzten Nomen schreiben? ▶ Wörterliste, S. 182–191
Mache es wie in Aufgabe 2.

der Wal■weg, die Lan■karte, der Kor■stuhl, → b? d? g?
die Zu■fahrt, die Flu■reise

Hier kannst du zeigen, was du gelernt hast: Ich kann Wörter mit b, d, g am Ende verlängern und richtig schreiben.

▶  Quiz

4 **a)** Wähle mindestens fünf Wörter aus.
b) Schreibe die Wörter ab. Markiere **b, d** oder **g**.

▶ Nachdenkwörter abschreiben, S. 168

der Bergsteiger, kräftig, das Bad, der Mondschein, gewaltig, wütend, billig, die Wand, der Handschuh, der Hund, der Dieb

Adjektive mit ä

Max vergleicht Gegenstände. Er schreibt und überlegt.

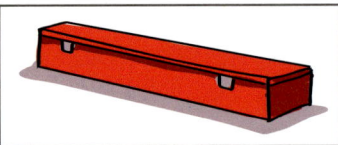 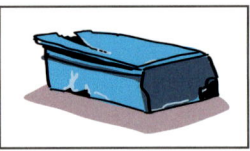

Die rote Kiste ist **l⬜nger** als die blaue Kiste.

Wie muss ich l⬜nger schreiben?

→ l⬜nger → l⬜ng
⬜lter → ⬜lt

1 a) Was möchte Max wissen?
b) Wie kann er das herausfinden?

**Denke bei länger an lang, bei älter an alt.
Länger und älter sind Nachdenkwörter 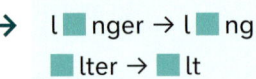.**

2 a) Was seht ihr auf den Bildern?
b) Lest die Wortpaare laut.

→ die Maus
der Löwe
das Wetter

schw⬜cher (→ schw⬜ch) w⬜rmer (→ w⬜rm)
st⬜rker (→ st⬜rk) k⬜lter (→ k⬜lt)

3 a) Schreibe die Wortpaare in dein Heft.
b) Markiere ä und a.

schwächer (→ schwach)

Die Maus ist schwächer als der Löwe.
(→ schwach)

4 a) Vergleicht die Tiere und das Wetter. Bildet Sätze.
b) Schreibt die Sätze in euer Heft.
c) Markiert das Nachdenkwort.
d) Schreibt das verwandte Wort dahinter.

▶ Extra

5 a) Schreibt alle Adjektive auf kleine Karten.
b) Dreht die Karten um. Spielt damit Memory.

 *wärmer*   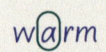 *warm*

Nomen mit äu

Erik und Nora spielen Memory mit Wortpaaren.

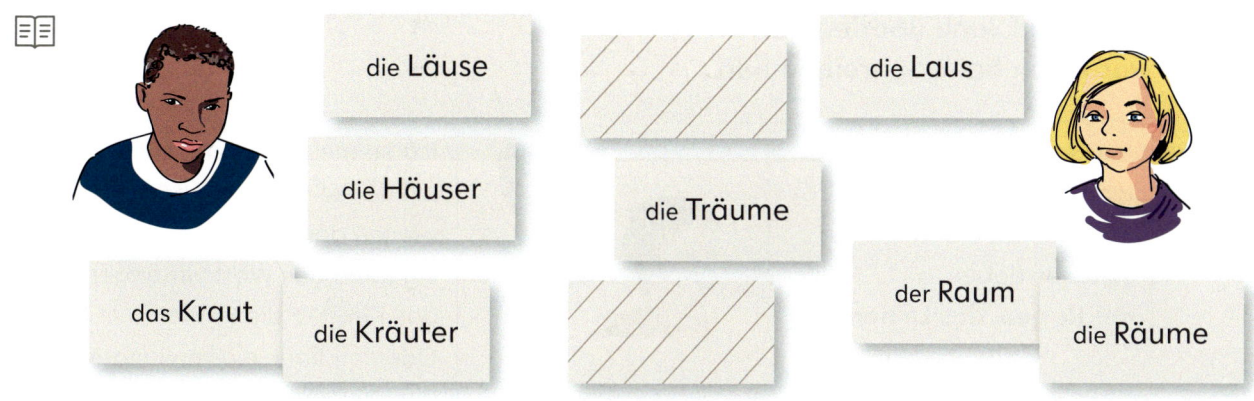

die Läuse · die Laus · die Häuser · die Träume · das Kraut · die Kräuter · der Raum · die Räume

1 a) Finde die Wortpaare für Erik und Nora.

▶ Wörterliste, S. 182–191

b) Schreibe die Wortpaare auf. Markiere **äu** und **au**.

die Kr(äu)ter (→ das Kr(au)t)

Denke bei Kräuter an Kraut, bei Räume an Raum.
Auch Kräuter und Räume sind Nachdenkwörter .

2 Findet zu zweit weitere Wortpaare für das Memory-Spiel.
Nennt abwechselnd das verwandte Wort.

▶ Wörterliste, S. 182–191

die Schläuche, die Bäuche, die Fäuste, die Sträuße, die Häute

3 Schreibe die Nachdenkwörter von Aufgabe 2 ab.

▶ Nachdenkwörter abschreiben, S. 168

Hier kannst du zeigen, was du gelernt hast:
Ich kann Wörter mit ä und äu richtig schreiben.

▶ Quiz

4 a) Lies die Sätze laut.

b) Schreibe die Sätze ab.

c) Ergänze in Klammern die Erklärung.

▶ Sätze abschreiben, S. 170

Das Messer ist | sch■rfer als | die Schere. |
L■■se sind | kleiner als | M■■se. |
Die ■pfel sind | h■rter als | die Bananen.

Mitsprechwörter – Nachdenkwörter – Merkwörter

**Milan und Juna überlegen,
was ihnen beim Schreiben hilft.**

Ich kenne **Mitsprechwörter**:
Ich spreche das Wort
Silbe für Silbe und
schreibe dabei:
der Re gen, **das Le ben**

Ich kenne **Nachdenkwörter**:
Ich denke nach und erkläre,
wie ich das Wort schreiben muss.
Ich kann das Wort verlängern:
das Kin(?) → die Kin**d**er
Oder ich finde ein verwandtes Wort:
die M(??)se → die M**au**s

1 Welche Mitsprechwörter und Nachdenkwörter kennt ihr?
Sammelt Beispiele an der Tafel.　　▶ Hilfe

2 **a)** Sprich die Mitsprechwörter Silbe für Silbe.　　▶ Audio
b) Schreibe die Wörter ab. Male Silbenbögen.

finden, die Aufgabe, lesen, das Wort, schreiben, melden,
die Schultasche, die Tafel, laufen, leise, das Pausenbrot

> fin den

3 **a)** Ergänze die Lücken. Schreibe die Nachdenkwörter auf.　　▶ Audio
b) Überprüft eure Wörter zu zweit.

lie ▮, der Sta ▮, wil ▮, das Aben ▮ brot, klu ▮, der Ta ▮,　→　b? d? g?
blö ▮, die Han ▮, der Zu ▮, das Ra ▮, der Bil ▮ schirm
die B ▮▮ me, die H ▮ ser, die ▮ pfel, k ▮ lter, st ▮ rker　→　ä? äu?

4 Ergänze die doppelten Konsonanten. Schreibe die Wörter auf.  Audio

das Be ▮▮, der Ko ▮▮ er, dü ▮▮, der Te ▮▮ er, die Bi ▮▮ e　→　ff? ll? nn? tt?

5 **a)** Schreibt jeweils drei Wörter aus dem Kapitel
auf einen kleinen Zettel.
b) Bildet ein Kugellager.　　▶ Kugellager, S. 172
Die Kinder im Außenkreis lesen ein Wort vor.
Die anderen Kinder sagen, was ihnen beim Schreiben hilft.

Mitsprechwörter – Nachdenkwörter – Merkwörter

**Bei manchen Wörtern hört man nicht, wie man sie schreibt.
Man kann es auch nicht erklären. Diese Wörter muss man sich merken.
Deshalb heißen sie Merkwörter** ❗.

6 Warum muss man sich diese Wörter merken?

der **B**är   der **C**omputer   der **V**ogel   der **S**tu**h**l
das **M**ädchen   der **C**ent   das **V**entil   die **Z**a**h**l

7 Schreibe die Wörter von Aufgabe 6 ab.
Der Wortprofi für Merkwörter hilft dir dabei.

▶ Merkwörter abschreiben, S. 169

> **Merkwörter**
>
> **So schreibe ich Merkwörter ab:**
>
> **1** Ich lese das Wort **Bär**.
>
> **3** **Ich merke mir** ❗ , wie ich das Wort schreiben muss.
>
> **6** Ich kreise **die Merkstelle** im Wort ein:
>   *der B(ä)r*

8 **a)** Schreibe diese Merkwörter ab.
     Der Wortprofi für Merkwörter hilft dir dabei.
   b) Überprüft eure Wörter zu zweit, Buchstabe für Buchstabe.

▶ Merkwörter abschreiben, S. 169

die **T**räne, das **V**erb, der **S**tuhl, wir **f**ahren, die **C**ola, sehr,
wir **n**ehmen, der **K**äfer, der **V**ater, der **C**omic, der **K**äse, viele

9 **a)** Wähle die Sätze von (A) oder (B) aus.
   b) Schreibe die Sätze ab. Markiere die Merkwörter.

▶ Sätze abschreiben, S. 170

(A) Im November | sitzen | viele Vögel | in unserem Garten. |
    Vielleicht | sind sie | hungrig. | Mein Vater | gibt ihnen | Körner.

(B) Für einen Gemüseauflauf | braucht man | Mehl und Sahne. |
    Man braucht auch | Möhren und Kohl.

📖 Welches Wort fehlt?

1 Im Badezimmer hängt der ▆▆▆▆▆▆.

2 Im Schuhgeschäft gefallen mir die ▆▆▆▆▆▆.

3 Für den Salat braucht Peter die ▆▆▆▆▆▆.

4 Der Hund will ▆▆▆▆▆▆.

→ die Stiefel
spielen
die Zwiebel
der Spiegel

1 Lest die Sätze laut. Ergänzt die passenden Wörter.

2 **a)** Schreibt die ergänzten Wörter an die Tafel.
b) Sprecht die Wörter Silbe für Silbe.
Tipp: Ihr könnt die Wörter klatschen oder schwingen.
c) Malt Silbenbögen.
d) Markiert alle **ie**.

der Spie gel

! Wir schreiben meistens **ie**, wenn wir am Ende der Silbe einen i-Laut hören: **der Sp(ie)gel**

3 Arbeitet zu zweit.
– Ein Kind liest ein Wort vor.
– Das andere Kind spricht das Wort Silbe für Silbe nach.
– Wechselt euch ab.

▶ 👆 Audio

die **Fliege**   die **Wiese**   wir **siegen**   wir **spielen**   die **Zwiebel**
wir **riechen**   die **Liebe**   wir **ziehen**   die **Biene**   wir **kriechen**

4 **a)** Schreibe die Wörter von Aufgabe 3 ab.
b) Male Silbenbögen.
c) Markiere **ie**.

▶ Nachdenkwörter abschreiben, S. 168

die Fl(ie)ge,

Auch diese Wörter schreiben wir mit ie.

5 Lest die Wörter laut und deutlich vor.
Malt beim **ie** einen Balken in die Luft.

▶ 🖥 Audio

das L**ie**d   er sp**ie**lt   das Z**ie**l   das T**ie**r   t**ie**f

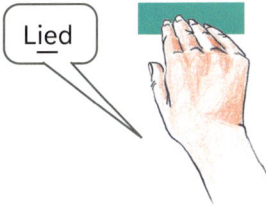

6 a) Schreibt die Wörter in einer Reihe an die Tafel.
b) Markiert alle **ie**.

das Lie̲d

7 a) Verlängert die Wörter.
b) Ergänzt die verlängerten Wörter an der Tafel.
c) Malt Silbenbögen.

▶ 🖥 Audio

das Lied
die Lie̲ der

**Wir schreiben meistens ie, wenn wir am Ende der Silbe
einen i-Laut hören. Wörter mit einer Silbe
können wir verlängern: das L(ie)d → die L(ie)der**

8 a) Lest die Wörter laut. Malt beim **ie** einen Balken in die Luft.
b) Verlängert die Wörter. Sprecht die Wörter Silbe für Silbe.

▶ Wörterliste, S. 182–191

der Br**ie**f, das Z**ie**l, der St**ie**l, der D**ie**b, der S**ie**g,
er r**ie**cht, er sp**ie**lt, es fl**ie**ßt, sie g**ie**ßt, l**ie**b, sch**ie**f

9 a) Schreibe die Wortpaare in dein Heft.
b) Markiere **ie**. Male Silbenbögen.

▶ Nachdenkwörter
abschreiben, S. 168

der Bri̲ef → die Bri̲efe

10 Schreibe die Sätze ab. Markiere alle **ie**.

▶ Sätze abschreiben,
S. 170

Heute | ist wieder | viel los. | Ahmed gießt | die Blumen. |
Marga liegt | auf der Wiese. | Jud spielt | mit dem Ball.

Wörter mit Sp/sp

1 **a)** Was seht ihr auf den Bildern?

der **Sp**iegel   die **Sp**inne   wir **sp**ielen   wir **sp**rechen   der **sp**itze Turm

b) Lest die Wörter und Wortgruppen laut und deutlich vor. ▶  Audio

c) Achtet auf die **blauen** Konsonanten.
Was fällt euch auf?

Wir hören schp, aber wir schreiben sp.

2 **a)** Schreibt die Wörter an die Tafel.
b) Markiert **Sp/sp**.

3 **a)** Schreibe die Wörter von der Tafel ab.
b) Markiere **Sp/sp**.

▶ Nachdenkwörter
abschreiben, S. 168

4 **a)** Findet weitere Wörter mit **Sp/sp**.
b) Lest die Wörter laut.
Malt dabei **sp** mit dem Finger in die Luft,
in die Hand oder euch gegenseitig auf den Rücken.
c) Schreibt die Wörter in euer Heft.

▶ Wörterliste, S. 182–191

5 Schreibe die Sätze ab. Markiere alle **Sp/sp**.

▶ Sätze abschreiben,
S. 170

1 Gleich | haben wir | Sport. |

2 Das macht | immer Spaß. |

3 Wir müssen | laufen und springen. |

4 Am Ende | spielen wir | oft | ein spannendes Spiel.

Wörter mit St/st

 1 **a)** Was seht ihr auf den Bildern?

der **St**iefel   der **St**ein   wir **st**ehen   wir **st**reiten   der **st**eile Berg

b) Lest die Wörter und Wortgruppen laut und deutlich vor. ▶  Audio

c) Achtet auf die **blauen** Konsonanten.
Was fällt euch auf?

Wir hören scht, aber wir schreiben st.

2 **a)** Schreibt die Wörter an die Tafel.
b) Markiert **St/st**.

 3 **a)** Schreibe die Wörter von der Tafel ab.   ▶ Nachdenkwörter
b) Markiere **St/st**.   abschreiben, S. 168

4 **a)** Findet weitere Wörter mit **St/st**.   ▶ Wörterliste, S. 182–191
b) Lest die Wörter laut.
Malt dabei **st** mit dem Finger in die Luft,
in die Hand oder euch gegenseitig auf den Rücken.
c) Schreibt die Wörter in euer Heft.

5 Schreibe die Sätze ab. Markiere alle **St/st**.   ▶ Sätze abschreiben,
                                                                S. 170

1 In der letzten Stunde | arbeiten wir | im Garten. |

2 David stolpert | über einen Stein. |

3 Isat hat | keine Stiefel | dabei | und deshalb | nasse Strümpfe. |

4 Leonie und David | streiten | mit lauter Stimme.

Großschreibung
Den Satzanfang großschreiben

📖 Das Fest

1 Die Klasse 6a plant ein Fest.

2 Dafür haben alle viele Ideen und Wünsche.

3 Die Kinder wollen die Eltern einladen. Sie wollen

4 ihre Gedichte in einer Ausstellung zeigen.

5 Es soll leckeres Essen geben.

1 **a)** Lest abwechselnd einen Satz.
Nennt das erste Wort im Satz.

b) Wie viele Sätze hat der Text?

c) Woran erkennt ihr den Anfang und das Ende der Sätze?

Das erste Wort in einem Satz schreiben wir immer ▮▮▮▮▮.
An das Ende von einem Satz setzen wir oft einen ▮▮▮▮▮.

2 **a)** Schreibe den Text **Das Fest** ab.

b) Markiere in jedem Satz den Anfang und den Punkt am Ende.

Hier fehlen die Punkte am Satzende.
Die Satzanfänge sind kleingeschrieben.

📖 6 das Fest soll am Nachmittag sein   die Klasse möchte

7 auch Freunde einladen   zusammen schmücken die Kinder

8 den Klassenraum   sie planen verschiedene Spiele

3 **a)** Lest den Text vor. Sprecht die Punkte laut mit.   ▶ 👆 Audio

b) Welche Wörter stehen am Satzanfang und müssen
großgeschrieben werden?

4 **a)** Schreibe die Sätze richtig in dein Heft.

b) Markiere den Anfang und das Ende der Sätze.

Nomen erkennen und großschreiben

📖 Die Einladung

1 Alle sitzen am **Computer**. Ben entwirft einen **Text**.

2 Lorena verwendet eine schöne **Schrift**.

3 Amira sucht ein passendes **Bild**.

4 Zusammen gestalten sie die **Einladung**.

💬 **1** a) Schreibt die blauen Wörter an die Tafel.

   b) Achtet auf die Anfangsbuchstaben.
   Was haben diese Wörter gemeinsam?

> ❗ **Einige Wörter** schreiben wir **immer groß**.
> Wir nennen sie **Nomen (Namenwörter):**
> **der Text, das Kind, eine Blume.**

✏️ **2** a) Schreibe die Nomen in dein Heft.

   b) Markiere die Anfangsbuchstaben.

💬 **3** Lest den Text. Setzt für die Bilder Nomen ein.

📖 Essen und Getränke

Die Lehrer kaufen das ⬚ .

Die Kinder besorgen das ⬚ .

Die Eltern spenden das ⬚ .

Der Hausmeister bringt die ⬚ .

Das Lieblingsessen von allen ist aber der ⬚ .

→ das Eis
  das Wasser
  das Obst
  der Kuchen
  die Wurst

✏️ **4** Schreibe den Text in dein Heft.
   Ergänze die fehlenden Nomen.

Nomen und Artikel

Die Kinder planen das Fest.

> Wo ist der Text für die Einladung?

> Wer gestaltet das Plakat?

> Wohin kommt der Plan für die Ausstellung?

> Und wer trägt das Gedicht vor?

1 Findet die sechs Nomen in den Sprechblasen.

2 a) Zeichne eine Tabelle in dein Heft.
    b) Schreibe die Nomen mit ihren Artikeln in die Tabelle.

▶ Eine Tabelle zeichnen, S. 175

▶ Hilfe

der	*das*	*die*
der Text	*...*	*...*

Sina hat einen Vorschlag:

> Ich habe eine Idee. Wir zeigen ein Experiment.
> Dafür reichen ein Löffel, ein Blatt und eine Schüssel.

3 a) Findet die Nomen in der Sprechblase.
    b) Schreibt die Nomen mit ihren Artikeln an die Tafel.

!

● Daran erkenne ich ein Nomen (Namenwort):
Vor einem Nomen steht oft ein **Artikel (Begleiter):**
der Text, das Plakat, die Einladung
ein Text, ein Plakat, eine Einladung

> der Teller – ein Teller

4 Schreibe die Nomen mit ihren Artikeln in dein Heft.

der Teller – ein ▮▮▮▮   das Getränk – ein ▮▮▮▮   die Blume – eine ▮▮▮▮
der Kuchen – ▮▮ ▮▮▮   das Spiel – ▮▮ ▮▮▮   die Flasche – ▮▮ ▮▮▮

Nomen und Artikel

Nomen können in der Einzahl und Mehrzahl stehen.

5 Ordnet die Nomen nach Einzahl und Mehrzahl.

→ die Einladung • die Lieder • das Plakat • die Spiele • der Brief •
die Plakate • der Keks • die Flaschen • das Spiel • die Kekse •
das Lied • die Briefe • die Flasche • die Einladungen

die Einzahl	die Mehrzahl
die Einladung	die Einladungen

6 **a)** Zeichne eine Tabelle in dein Heft.
b) Schreibe die Nomen von der Tafel ab.
c) Markiere alle Artikel in der Mehrzahl. Was fällt dir auf?

▶ Eine Tabelle zeichnen, S. 175

▶ Extra

In der Mehrzahl heißt der Artikel immer ▬▬▬ .

**Für ein Spiel braucht die Klasse von manchen Dingen
nicht nur eins, sondern mehrere.**

→ ein Stuhl
ein Glas
ein Topf
ein Ball
ein Knopf
ein Hut
ein Blatt
ein Buch
ein Korb

7 Schreibe die Nomen so auf:

ein Glas – viele Gläser

▶ Wörterliste, S. 182–191

Artikel, Adjektiv und Nomen

Die Kinder basteln für das Fest.

der ⏚ Schmetterling   ein ⏚ Bild

der bunte Schmetterling   ein schönes Bild

1 Was ist hier passiert?
Welches Wort steht zwischen dem Artikel und dem Nomen?

**Manchmal steht zwischen dem Artikel und dem Nomen ein Adjektiv.
Der Artikel bezieht sich auf das Nomen.**

2 Ergänzt die Wortgruppen. Schreibt sie auf.
Denkt daran: Nomen schreiben wir immer groß!

→ riesige, neue, bunte, hübsche, blaue …

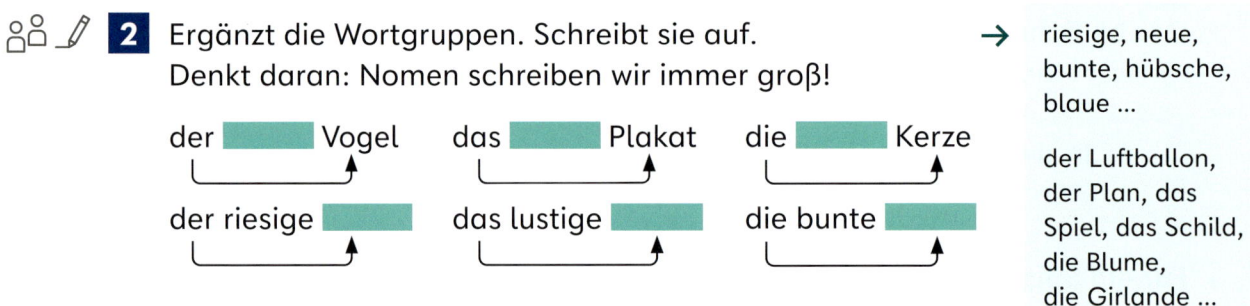

der ▮▮ Vogel   das ▮▮ Plakat   die ▮▮ Kerze

der riesige ▮▮   das lustige ▮▮   die bunte ▮▮

der Luftballon,
der Plan, das
Spiel, das Schild,
die Blume,
die Girlande …

3 **a)** Beschreibe, was die Kinder basteln. Schreibe Sätze auf.
Denke daran: Nomen schreiben wir immer groß!
b) Zeichne einen Pfeil von dem Artikel zu dem Nomen.

Emma Ben Eric Lorena	bastelt malt gestaltet zeichnet	einen	großen bunten …	Anhänger. Baum. …
		eine	kleine farbige …	Blume. Wiese. …
		ein	lustiges schönes …	Plakat. Bild. …
		viele	tolle bunte …	Bilder. Plakate. …

124

Die Kinder brauchen für das Fest noch mehr Dinge:

4 Beschreibt, was die Kinder noch brauchen.
Bildet mit jedem Nomen eine Wortgruppe.
Es gibt mehrere Möglichkeiten.

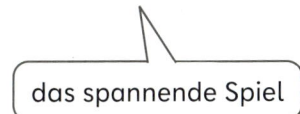

→ das Spiel • das Schild • der Würfel • der Tisch •
die Girlande • die Tasche
eckige • große • bunte • spannende • neue • runde

5 Schreibe die Wortgruppen auf.
Denke daran: Nomen schreiben wir immer groß!

das spannende Spiel

Hier kannst du zeigen, was du gelernt hast:
Ich kann den Satzanfang großschreiben und Nomen erkennen. ▶ Quiz

6 Arbeitet in zwei Schritten: allein – zu zweit.

a) Lies die Sätze: Welche Wörter sind großgeschrieben?

→ Heute feiert die Schule ein Fest. Die Kinder bieten
ein tolles Programm. Alle sind aufgeregt.
Es gibt viele Spiele und ein spannendes Experiment.

b) Begründet: Warum werden die Wörter großgeschrieben?

7 Woran erkennt ihr die Nomen?
Wählt jeder zwei Beispiele aus und erklärt es euch gegenseitig.

📖 **Die Übernachtung in der Schule**

1 Heute kommt Leon ohne die **Schultasche**
2 in die Schule. Jedes Kind bringt einen **Schlafsack**,
3 ein **Kissen** und eine **Taschenlampe** mit. Die Klasse
4 übernachtet mit der **Lehrerin** in der **Sporthalle**.
5 Die **Aufregung** und die **Vorfreude** sind groß.
6 Am nächsten **Morgen** gehen die Kinder nicht
7 in den **Klassenraum**. Der **Unterricht** fällt
8 nach dieser **Nacht** aus.

1 Im Text sind Nomen markiert.
Ordnet die Nomen an der Tafel.

Lebewesen, Gegenstände	etwas, das wir uns denken
...	die Übernachtung

> **!** Diese Wörter sind **Nomen (Namenwörter):**
> Nomen benennen **Lebewesen** und **Gegenstände**.
> Manche Nomen benennen etwas, das wir uns **denken**.

2 **a)** Zeichne eine Tabelle in dein Heft.
b) Schreibe die Nomen von der Tafel ab.

▶ Eine Tabelle zeichnen, S. 175

3 Ordnet auch diese Nomen in eure Tabelle.

▶ 👆 Extra

→ das Glück • die Ferien • der Apfel • der Hunger • die Zeit •
das Buch • die Freundschaft • die Liebe • das Glas • der Durst

4 **a)** Wähle fünf Nomen aus der rechten Spalte deiner Tabelle.
b) Bilde Sätze. Schreibe in dein Heft.

Zusammengesetzte Nomen

Nomen können wir zusammensetzen.

→ das Brot
die Butter
die Wurst
der Käse
der Honig

1 **a)** Was essen die Kinder? Setzt die Nomen zusammen.
   b) Schreibt die Wörter so an die Tafel:

die Butter + (*das*) *Brot* → (*das*) *...*

 2 **a)** Schreibe die zusammengesetzten Nomen von der Tafel ab.
   b) Welchen Artikel haben die zusammengesetzten Nomen?

**Zusammengesetze Nomen haben immer
den Artikel vom** ▨▨▨ **Nomen.**

 3 Bilde zusammengesetzte Nomen. Schreibe sie auf.

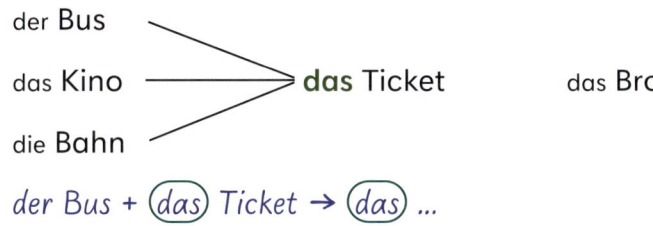 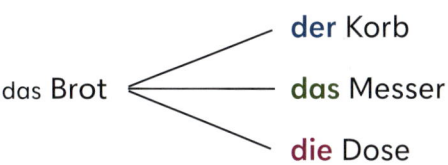

der Bus + (*das*) *Ticket* → (*das*) *...*

**Bei einigen zusammengesetzten Nomen
steht ein s zwischen den Nomen.**

 4 **a)** Bilde zusammengesetzte Nomen. Denke an das s!   ▶  Extra

   der Mittag + **die** Pause   die Liebe + **der** Brief
   der Frühling + **das** Wetter   der Eintritt + **die** Karte

   b) Markiere das s zwischen den Nomen.

Wortart Pronomen
Possessivpronomen erkennen und verwenden

Die Klasse 6 hat in der Sporthalle übernachtet.
Am nächsten Morgen packen die Kinder ihre Sachen.

1 Leon: Lisa, hast du **meine** Taschenlampe gesehen? → ich → mein, meine
du → dein, deine

2 Lisa: Nein, ich habe **deine** Taschenlampe nicht gesehen.

3 Aber hier liegt **dein** Kissen.

4 Leon: Richtig, das ist **mein** Kissen.

5 Aber wo ist **mein** Rucksack?

6 Lisa: Dort am Eingang liegt **dein** Rucksack.

1 Was vermisst Leon? Was findet Lisa?
Lest das Gespräch. Achtet auf die markierten Wörter.

> **Possessivpronomen (besitzanzeigende Fürwörter)**
> sagen, **wem** etwas **gehört:**
> **mein Rucksack, dein Kissen, seine Tasche, ihre Stifte.**

Die Kinder unterhalten sich weiter.

7 Leon: Dieser Rucksack gehört Mirko. Es ist **sein** Rucksack. → er → sein, seine
sie → ihr, ihre

8 Lisa: Und hier liegen auch **sein** Kissen und

9 **seine** Taschenlampe. He, Mirko!

10 Mirko: Nein! Das gehört alles Maria. Es ist **ihr** Rucksack

11 und **ihr** Kissen und **ihre** Taschenlampe.

2 Schreibe die Nomen mit den passenden Possessivpronomen auf.

ich → mein Rucksack, mein ..., meine ... → der Rucksack
du → ... das Kissen
er → ... die Taschenlampe
sie → ...

Possessivpronomen erkennen und verwenden

Die Zwillinge Mo und Anna sind schon fertig.

1 Anna und Mo: Gleich kommt **unser** Vater. Wir haben

2   **unser** Spiel und **unsere** Tasche gepackt.

3 Die Lehrerin: Schön, dass **euer** Vater kommt. Bitte bringt

4   **euer** Spiel und **eure** Tasche zur Tür.

→ wir → unser, unsere
ihr → euer, eure
sie → ihr, ihre

3 Schreibe die Nomen mit den passenden Possessivpronomen auf.

wir → unser Vater, unser ..., unsere ...
ihr → ...
sie → ...

→ der Vater
das Spiel
die Tasche

Wem gehört was?

Leon

Lisa

Mo und Anna

4 Schreibe Sätze auf. Markiere die Possessivpronomen.

 Hilfe

Der Rucksack gehört Leon. Es ist (sein)...

Hier kannst du zeigen, was du gelernt hast:
Ich kann Possessivpronomen erkennen und verwenden.

 Quiz

1 Mo erzählt: „Die Übernachtung war toll! Aber

2 ich vermisse ▮▮▮▮ Buch. Leon vermisst ▮▮▮▮ Jacke

3 und Lisa ▮▮▮▮ Kissen. Hoffentlich hat

4 der Hausmeister ▮▮▮▮ Sachen gefunden."

5 Schreibe die Sätze auf.
Ergänze die fehlenden Possessivpronomen.

Wortart Verben
Verben kennen und verwenden

Die Klasse 6 a ist im Tierpark.

1 Was tun die Tiere und die Kinder auf den Bildern?

Der Bär schläft.

→ klettern, schlafen, trinken, lachen …

! Mit **Verben (Tuwörtern)** können wir sagen, was wir und andere **tun**:

wir lauf(en), er staun(t), sie sing(t).

---

2 Was tut ihr auf einem Ausflug oder in der Freizeit?
    a) Sammelt Verben an der Tafel.
    b) Spielt Pantomime.

→ fotografieren, rennen, essen, beobachten, spielen …

Die Klasse 6a beobachtet im Tierpark die Affen.

  1 Die Affen toben im Käfig. Sie klettern auf den Ästen.
  2 Da kommt ein kleiner Affe. Auch er klettert auf einem Ast.
  3 „Und wir klettern später auf dem Spielplatz", sagt Tom.
  4 Lara fragt: „Kemal, du kletterst nicht, oder?"
  5 Kemal antwortet: „Na klar, ich klettere am höchsten!"
  6 „Ja, ihr klettert alle wie die Affen", lacht der Lehrer.

3 Schreibt alle Formen von klettern aus dem Text an die Tafel.

ich klettere, du …

4 Was bleibt gleich, was verändert sich?
Arbeitet in drei Schritten: allein – zu zweit – in der Klasse.

▶ Think – Pair – Share, S. 172

a) Schreibe die Verben von der Tafel ab.

b) Markiert blau, was sich verändert.

c) Vergleicht eure Ergebnisse in der Klasse.

> Wir verwenden Verben mit **Personalpronomen:**
> **ich**, **du**, **er**, **sie**, **es**, **wir**, **ihr**, **sie**.
> Dann verändern sich die Verben.
>
> **ich sing⒠, du lach⒮⒯, ihr renn⒯.**

5 a) Wähle sechs Verben aus der Wörterliste,
von Seite 130 oder deine Lieblingsverben.

▶ Wörterliste, S. 182–191

b) Schreibe die Verben mit **ich**, **du**, **er**, **sie**, **es**, **wir**, **ihr**, **sie** auf.

c) Markiere blau, was sich verändert.

6 a) Bildet die Verben in der **du**-Form.

→ sehen • essen • trinken • gehen • springen •
klettern • reden • zeigen • kaufen • fotografieren

du siehst ...

du isst ...

b) Schreibt die Verben mit **du** in euer Heft.

▶ Extra

**Mit einem Spiel könnt ihr die Formen der Verben
wiederholen und üben.**

7 Spielt mit einem Würfel.
Schreibt zehn Verben auf Karten.
– Ein Kind zieht eine Karte und würfelt.
– Das Kind sagt das Verb in der Form, die der Würfel anzeigt.
– Das Kind gibt den Würfel weiter.

du trinkst ...

Verben im Satz erkennen und verwenden

 **Die Flugschau**

1 Der Falke sitzt auf dem Arm von dem Falkner*.

2 Dann fliegt der Falke hoch in die Luft.

3 Der Falkner lockt den Falken.

4 Der Falke landet wieder auf dem Arm.

5 Die Kinder klatschen. Sie fragen viele Sachen.

6 Der Falkner antwortet auf die Fragen.

* der Falkner: jemand, der Greifvögel für die Jagd trainiert

In jedem Satz steht ein Verb (Tuwort).
Mit Fragen findet ihr das Verb im Satz.

 1 Was passiert bei der Flugschau?
Stellt die Fragen und beantwortet sie.

die Fragen:	die Antworten:
Was tut der Falke?	Der Falke sitzt.

 2 **a)** Schreibe die Fragen und die Antworten in dein Heft.
b) Markiere die Verben.

 3 **a)** Bilde acht Sätze. Schreibe in dein Heft.
b) Markiere die Verben.

Ich	**mag** **beobachte**	die Vorführung. den Falken.
Du	**siehst** **fotografierst**	die Flugschau. viele Vögel.
Kemal/Er Lara/Sie	**holt** **isst**	ein Würstchen. eine Brezel.
Wir	**kaufen** **holen**	eine Postkarte. einen Parkplan.
Ihr	**entdeckt** **seht**	die Belohnung. eine Maus.
Die Kinder Sie	**klatschen** **lernen**	begeistert. viel.

Verben mit ver- bilden und verwenden

📖 **Am Kiosk**

1 Kemal und Lara **verbringen** Zeit am Kiosk.

2 Dort **verkaufen** die Mitarbeiter Postkarten.

3 Damit **verdienen** sie Geld für den Zoo.

4 Die Mitarbeiter **verraten** den Kindern mehr

5 über die Tiere. Die Koalas schlafen viel und

6 **verschlafen** fast den ganzen Tag.

💬 **1 a)** Schreibt die blauen Verben an die Tafel.
Was haben die Verben gemeinsam?

b) Schreibt die Verben noch einmal ohne **ver-** auf.
Was fällt euch auf?

Mit ver- können wir neue Verben bilden.
Aber: kaufen ist etwas anderes als verkaufen.

✏️ **2 a)** Schreibe die Verben von der Tafel ab.

b) Markiere alle **ver-**.

✏️ **3** Bilde neue Verben mit **ver-**.
Schreibe sie in dein Heft.

→ stecken • suchen • passen • stehen • packen • bieten

wir stecken – wir (*ver*)*stecken, ...*

👥✏️ **4 a)** Bildet Sätze mit den Verben.

b) Schreibt die Sätze auf.

▶  Quiz

Wir stecken den Stecker in ...
Wir verstecken das Geschenk ...

⭐ **5 a)** Finde weitere Verben mit **ver-**. Die Wörterliste hilft dir.

b) Schreibe mit den Verben eigene Sätze in dein Heft.

▶ Wörterliste, S. 182–191

Über Vergangenes erzählen

Milo war im Tierpark nicht dabei.
Am nächsten Tag fragt er die Kinder.

Was habt ihr gestern im Tierpark gemacht?

Tom, was hast du ...?

Was haben die Tiere gemacht?

...

1 Lara: Wir haben gestern eine Flugschau gesehen.

2 Kemal: Die Koalas haben geschlafen.

3 Die Affen haben gespielt.

4 Tom: Ich habe in der Pause eine Brezel gekauft.

5 Kemal: Ich habe die Schafe gestreichelt.

6 Lara hat sie gefüttert. Und Tom hat sie gemalt.

1 Was haben die Kinder gestern im Tierpark gemacht?
Was haben die Tiere gemacht?
a) Schreibt die Fragen und die Antworten an die Tafel.
b) Markiert die Verben.

Was habt ihr gestern gemacht?
Wir (haben) eine Flugschau (gesehen).

2 Was machen wir heute? Was haben wir gestern gemacht?
a) Findet die Paare.   ▶ 🖱 Extra

→   wir lernen • wir spielen • wir hoffen • wir planen

wir haben gehofft • wir haben gelernt •
wir haben geplant • wir haben gespielt

✏ **b)** Schreibt die Paare in euer Heft.

3 Was habt ihr gestern gemacht? Erzählt davon.
Tipp: Ihr könnt auch von einem Ausflug in den Tierpark,
auf den Spielplatz oder von einem Picknick erzählen.

→ duschen, kochen, malen, hören, tanzen, turnen, zocken, zeigen, fragen, packen, kaufen ...

Die Klasse hat gestern viel erlebt.
Die Kinder erzählen, was sie gemacht haben.

4 Was erzählen die Kinder? Bildet Sätze.

Ich	**habe**	die Affen	**gesehen.**
		die Schafe	**gefüttert.**
Du	**hast**	den Falken	**gemalt.**
Lara	**hat**	ein Würstchen	**gekauft.**
Tom		eine Brezel	**gegessen.**
Wir	**haben**	viele Informationen	**bekommen.**
Ihr	**habt**	eine Postkarte	**gelesen.**
		einen Parkplan	
Sie	**haben**	auf dem Boden	**geschlafen.**
Lara und Tom		auf der Wiese	**gelegen.**

5 **a)** Schreibe acht Sätze in dein Heft.
  b) Markiere die Verben.

  Ich (habe) den Falken (gesehen).

Hier kannst du zeigen, was du gelernt hast:
Ich kann Verben erkennen, verändern, in Sätzen verwenden
und über Vergangenes erzählen.

 Quiz

1 Tom und Sina sagen etwas Lustiges.

2 Kemal und Lara **hören** den Witz. Alle vier lachen.

3 Dann **suchen** Tom und Lara einen Kiosk.

4 Sie **kaufen** für alle ein Eis.

6 **a)** Schreibe die Sätze in dein Heft.
  b) Markiere alle Verben.
  c) Bilde die Vergangenheit der Verben.

7 **a)** Bilde mit den blauen Verben neue Verben mit **ver-**.
  b) Schreibe mit den neuen Verben eigene Sätze auf.

Wortart Adjektive
Mit Adjektiven beschreiben und vergleichen

Die Klasse möchte Flaschengärten bauen und braucht Material:

Erde

ein Glas

eine Pflanze

Kieselsteine

Muscheln

 1 Wie ist das Material? Beschreibt mit Adjektiven.

Die Erde ist ...

→ groß – klein,
schmal – breit,
leicht – schwer,
grün, farbig, rund,
glatt, frisch,
hübsch ...

 2 **a)** Bilde fünf Sätze. Schreibe in dein Heft.

b) Markiere die Adjektive grün und die Nomen blau.

Man braucht Man benötigt außerdem Man besorgt auch	einen	kleinen frischen ...	Haufen Erde.
	ein	rundes großes ...	Glas.
	eine	grüne hübsche ...	Pflanze.
	viele einige	glatte runde ...	Kieselsteine.

Als Dekoration Zusätzlich	nimmt man	einige wenige	farbige besondere ...	Muscheln.

Mit **Adjektiven (Wiewörtern)** können wir etwas genauer **beschreiben**. Adjektive sagen, **wie** etwas ist.

Mit Adjektiven beschreiben und vergleichen

Manche Gläser sind für einen Flaschengarten besser geeignet.

 ①  ②  ③

3 Vergleiche die Gläser miteinander.
Bilde acht Sätze.

→ hoch • niedrig • groß • klein •
schmal • breit • leicht • schwer

! Mit Adjektiven können wir
etwas miteinander **vergleichen**.

Glas 1 ist so hoch wie ...   Glas 2 ist höher als ...

4 Vergleiche alle drei Gläser miteinander.
Bilde Sätze. Schreibe in dein Heft.

→ am kleinsten,
am höchsten,
am schmalsten,
am schwersten ...

Glas ▇ ist groß. Glas ▇ ist größer. Glas ▇ ist am größten.

Hier kannst du zeigen, was du gelernt hast:
Ich kann mit Adjektiven beschreiben und vergleichen.

▶ Quiz

1 Zuerst nehmen wir ein Glas. Es soll ▇▇▇ und ▇▇▇ sein.
2 Dann füllen wir das ▇▇▇ und ▇▇▇ Glas mit Kieselsteinen.
3 Danach kommt eine ▇▇▇ Schicht Erde.
4 Nun setzen wir die ▇▇▇ Pflanze in das Glas.

5 Lest den Text. Ergänzt passende Adjektive.

6 Schreibe den Text mit passenden Adjektiven auf.
Achte auf die Endungen.

Sätze und Satzglieder
Satzglieder erkennen

Die Klasse 6 übernachtet in der Sporthalle.
Daniel erzählt Elif davon:

1 „Remzi ⟨tanzt⟩ ⟦zur Musik⟧.
2 Lara ⟨spielt⟩ ⟦Fußball⟧.
3 Mo ⟨liest⟩ ⟦ein Buch⟧.
4 Die Lehrerin ⟨malt⟩ ⟦ein Bild⟧."

Elif hat nicht alles verstanden. Sie fragt nach.

1 **a)** Stellt die Fragen und beantwortet sie.

die Fragen:	*die Antworten:*
Wer tanzt?	Remzi.

Wer tanzt?

b) Schreibt die Fragen und die Antworten an die Tafel.
c) Markiert <u>Wer</u>. Markiert auch die Antwort.

 2 Schreibe die Fragen und die Antworten in dein Heft.

Elif hat noch mehr Fragen.

 3 **a)** Stelle Fragen und beantworte sie.

⟨Was tut⟩ Remzi?   Remzi ⟨tanzt⟩.

Was tut …?

b) Schreibe die Fragen und die Antworten in dein Heft.
c) Markiere ⟨Was tut⟩. Markiere auch die Antwort.

> **!**
> Ein Satz besteht aus verschiedenen Bausteinen.
> Diese Bausteine heißen **Satzglieder**.
> Wir können nach den Satzgliedern fragen: <u>Wer</u>? ⟨Was tut⟩?

Satzglieder umstellen

Wir können in einem Satz die Satzglieder umstellen.

 1 Die sechste Klasse (übernachtet) in der neuen Sporthalle.
2 In der neuen Sporthalle (übernachtet) die sechste Klasse.

 1 Welche Wörter bleiben beim Umstellen zusammen?

> Wörter, die beim Umstellen zusammenbleiben, bilden ein Satzglied.
> Ein Satzglied kann auch nur aus einem Wort bestehen.

 2 **a)** Schreibt die Satzglieder auf farbige Karten.
b) Bildet drei Sätze. Hängt die Karten an die Tafel.
c) Stellt die Satzglieder um. Schreibt Sätze an die Tafel.

die Kinder	(holen)	die dicken Turnmatten
Leyla und Mo	(suchen)	ihre warmen Schlafsäcke
Lara und Ali	(finden)	ein neues Kartenspiel

> Den Satzanfang schreiben wir groß. Am Ende vom Satz setzen wir einen Punkt.

 3 **a)** Schreibe die Sätze von der Tafel ab.
b) Markiere die Satzglieder.

▶  Extra

Hier kannst du zeigen, was du gelernt hast:
Ich kann Satzglieder erkennen und umstellen.

▶  Quiz

 1 Lisa pfeift eine schöne Melodie.
2 Mirko liest eine kurze Nachricht.
3 Die Lehrerin erzählt eine spannende Geschichte.

 4 **a)** Schreibe die Sätze in dein Heft.
b) Stelle die Satzglieder um. Schreibe die Sätze auf.
c) Markiere die Satzglieder.

 Wer ...? 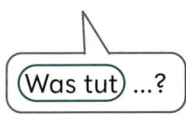 (Was tut) ...?

Das Alphabet
Das Alphabet wiederholen und üben

Das Alphabet (Abc) hat 26 Buchstaben.

▶  Audio

A   B   C   D   E   F   G

H   I   J   K   L   M   N   O   P

Q   R   S   T   U   V   W

X   Y   Z

1 Übt das Alphabet (Abc) in der Klasse.
– Ein Kind beginnt mit A und sagt das Alphabet auf.
– Das nächste Kind sagt **Stopp** und sagt weiter auf.

Ihr könnt das Alphabet auswendig lernen.
Arbeitet zu zweit oder in der Gruppe. Wählt Aufgabe 2 oder 3.

2 Ein Kind legt zwei Münzen auf zwei Buchstaben.
Das andere Kind errät die Buchstaben.
Wechselt euch ab.

3 Werft euch in der Gruppe einen Ball zu.
Nennt der Reihe nach drei Buchstaben vom Alphabet.

Ihr spielt ein Spiel zum Alphabet. Ihr sammelt Wörter.

4 a) Zeichnet eine Tabelle an die Tafel.
b) Entscheidet euch für einen Buchstaben.
c) Findet passende Wörter mit dem Buchstaben am Anfang.
d) Wählt einen neuen Buchstaben und beginnt von vorn.

▶ Eine Tabelle zeichnen, S. 175

der Buchstabe	ein Name	ein Tier	in der Schule
B	Beritan	der Blauwal	Biologie

Wörter ordnen

**Die Klasse hat eine Kartei
mit Rezepten angelegt.**

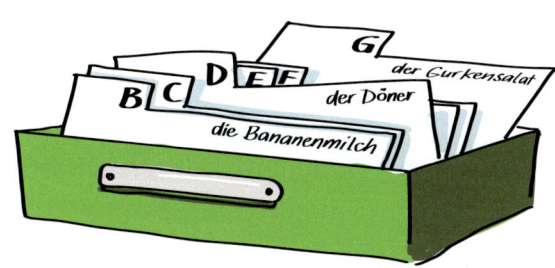

1 Wie sind die Rezepte
in der Kartei geordnet?

2 Schreibe die Namen dieser Rezepte
nach dem Alphabet geordnet auf.

 Quiz

→ die Bandnudeln • der Obstsalat • der Ananastoast •
der Vanillepudding • die Tomatensoße • der Milchreis

Diese Rezept-Namen haben denselben Buchstaben am Anfang.

der **H**amburger   der **Ka**rtoffelsalat
der **Hi**mbeerquark   das **Kn**oblauchbrot
der **Ho**nigkuchen   die **Ko**hlrabisuppe

3 Wie sind diese Rezepte geordnet?

Diese Rezept-Namen sind nach dem ▭▭▭ geordnet.

Die Klasse möchte auch diese Rezepte in der Kartei ordnen.

die **Bu**tterbrezeln	die **Fr**ikadellen	das **Gy**ros	die **Sa**lamipizza
die **Br**atkartoffeln	die **Fa**lafel	der **Gri**eßbrei	der **St**reuselkuchen
der **Bö**rek	der **Fi**sch	das **Gu**lasch	der **Se**samkringel

4 **a)** Schreibt die Namen der Rezepte auf einzelne Karten.
b) Markiert den ersten und den zweiten Buchstaben.
 c) Mischt die Karten und ordnet sie nach dem Alphabet.

 Quiz

Wörter nachschlagen

Wörterlisten sind nach dem Alphabet geordnet.

🖉 **1** **a)** Schreibe die Namen der folgenden Unterrichtsfächer untereinander auf.

b) Finde jedes Unterrichtsfach in der Wörterliste. Schreibe die Seite und die Spalte dahinter.

▶ Wörterliste, S. 182–191

→ Sport • Erdkunde • Physik • Chemie • Englisch • Musik • Kunst • Deutsch • Biologie • Mathematik

Sport (Seite 189, Spalte 1)

In der Wörterliste stehen Nomen in der Einzahl und Mehrzahl.

🖉 **2** **a)** Finde die folgenden Nomen in der Wörterliste.

b) Schreibe jedes Nomen in der Einzahl und Mehrzahl auf. Schreibe die Seite und die Spalte dahinter.

▶ Wörterliste, S. 182–191

die Blöcke → ▢▢▢▢
die Bücher → ▢▢▢▢
die Rucksäcke → ▢▢▢▢

die Öfen → ▢▢▢▢
die Bälle → ▢▢▢▢
die Städte → ▢▢▢▢

die Blöcke → der Block (Seite 182, Spalte 2)

🖉 **3** **a)** Finde die folgenden Nomen in der Wörterliste.

b) Schreibe jedes Nomen in der Einzahl und Mehrzahl auf. Schreibe die Seite und die Spalte dahinter.

▶ Wörterliste, S. 182–191

→ der Kuchen • das Messer • der Computer • das Mädchen • der Brunnen • das Kabel • der Knochen • das Zeichen • das Rätsel • der Reifen • das Fenster • der Spiegel

der Kuchen → die Kuchen (Seite 186, Spalte 1)

💬 **c)** Was entdeckt ihr bei diesen Nomen?

Manche Nomen sind in der Einzahl und in der Mehrzahl ▢▢▢▢.

Wörter nachschlagen

Es gibt zu jedem Großbuchstaben einen Kleinbuchstaben.

 4 Welche Buchstaben fehlen hier? ▶  Quiz

a ▨ ▨ d e ▨ g ▨ i ▨ k l ▨ n o ▨ ▨ r s ▨ u v ▨ ▨ ▨ z

a) Schreibe das Alphabet vollständig in Kleinbuchstaben auf.
b) Schreibe mindestens fünf Verben auf. ▶ Wörterliste, S. 182–191

In der Wörterliste stehen manche Verben auch in der er-Form.

5 a) Finde die folgenden Verben in der Wörterliste. ▶ Wörterliste, S. 182–191
b) Schreibe jedes Verb in der Grundform und der er-Form auf.
Schreibe die Seite und die Spalte dahinter.

→ nehmen • sprechen • sehen • mögen • essen • fangen • müssen • fahren

nehmen → er nimmt (Seite 187, Spalte 1)

Hier kannst du zeigen, was du gelernt hast: ▶  Quiz
Ich kann Wörter ordnen und nachschlagen.

> Wie muss ich diese Wörter schreiben? Ich schlage die Wörter nach.

6 Silas möchte ein Plakat
zum Wasserkreislauf gestalten.
Welche Wörter möchte er nachschlagen? ▶  Audio

 7 a) Finde jedes Wort in der Wörterliste. ▶ Wörterliste, S. 182–191
b) Schreibe jedes Wort mit seinem Artikel auf.
Schreibe die Seite und die Spalte dahinter.

Wörter und Sätze abschreiben
Wörter mit doppelten Konsonanten

1 Was seht ihr auf dem Bild?

2 **a)** Lest die Wörter und Wortgruppen laut.   ▶  Audio

die **Sonne**	einen **hellen** Blitz	wir **rennen**
unsere **Klasse**	ein dunkles **Gewitter**	zur kleinen **Hütte**
es **donnert**	wir **müssen**	**können**
am **Himmel**	vom **Wasser**	**unterstellen**

b) Schreibt die Wörter und Wortgruppen an die Tafel.
c) Sprecht die **blauen** Wörter Silbe für Silbe.
Klatscht oder schwingt die Silben dazu.

3 **a)** Schreibe die Wörter und Wortgruppen Silbe für Silbe ab.   ▶ Mitsprechwörter abschreiben, S. 168
b) Male Silbenbögen.

die Sonne

4 Hier reimen sich immer zwei Wörter.
Finde die Reimpaare. Schreibe sie in dein Heft.

> die Nummer – der Kummer

die Nummer	wir sollen	das Gewitter	der Kummer	bitter
die Puppe	die Klasse	die Tasse	die Suppe	wir wollen

5 Auch diese Wörter haben doppelte Konsonanten.
a) Schreibe jedes Wort dreimal in dein Heft ab.
b) Markiere die Vokale.

> wann

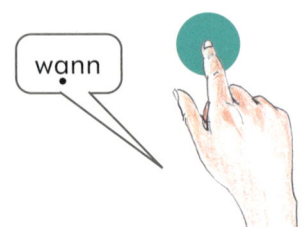

→ wann • dann • denn • wenn

Wörter mit doppelten Konsonanten

📖 **Das Gewitter**

1 Die **Sonne** | scheint. |

2 Unsere **Klasse** | ist am See. |

3 Es **donnert** | plötzlich. |

4 Am **Himmel** | sehen wir | einen **hellen** Blitz. |

5 Ein dunkles **Gewitter** | zieht auf. |

6 Wir **müssen** | weg vom **Wasser**. |

7 Wir **rennen** | zur kleinen **Hütte**.

8 Hier | **können** sich | alle | **unterstellen**.

6 Was sehen die Kinder am Himmel?

7 Schreibe mindestens vier Sätze aus dem Text **Das Gewitter** ab.
Arbeite nach den Schritten **1** – **7**.
Tipp: Schreibe nur in jede zweite Zeile.

Sätze abschreiben

So schreibe ich Sätze ab:

1 **Ich lese** den ersten Satz.

2 **Ich merke mir** die Wörter bis zum Strich genau.

3 Ich decke die Wörter ab.

4 **Ich schreibe** die Wörter auf.

5 **Ich vergleiche.** Ich streiche Fehlerwörter durch.

6 Ich schreibe die Wörter richtig über die Fehlerwörter.

7 Ich schreibe Teil für Teil so ab.

---

8 Sind die Sätze richtig geschrieben? Überprüft zu zweit.

Wörter mit Sp/sp und St/st

1 Was seht ihr auf dem Bild?

2 **a)** Lest die Wörter und Wortgruppen laut. ▶  Audio

ein **Sportfest**	einen **Stab**	**spannend**
im **Stadion**	eine weite **Strecke**	viel **Spaß**
zu verschiedenen **Stationen**	**sportlich**	**stolz**
springen	er **stürzt**	**später**

b) Schreibt die Wörter und Wortgruppen an die Tafel.

c) Lest nur die **blauen** Wörter laut.

3 Schreibe die Wörter und Wortgruppen von der Tafel ab.
Der Wort-Profi hilft dir dabei.
Markiere **Sp/sp** und **St/st**.

▶ Nachdenkwörter
abschreiben, S. 168

4 Hier sind immer drei Wörter miteinander verwandt. ▶  Extra
a) Finde die verwandten Wörter.
   Schreibe sie in dein Heft.
b) Markiere **Sp/sp** und **St/st**.

wir sprechen	steinig	der Sprung	das Sportfest
die Sprache	der Stein	wir springen	der Sprungturm
steinhart	sportlich	die Sprecherin	der Sport

> wir sprechen –
> die Sprache –
> die Sprecherin

146

Wörter mit Sp/sp und St/st

📖 **Das Sportfest**

1. Unsere Klasse | besucht ein **Sportfest** | im **Stadion**. |
2. Wir gehen | zu verschiedenen **Stationen**. |
3. Greta und Efe | **springen** weit | in den Sand. |
4. Timo wirft | einen **Stab** | über eine weite **Strecke**. |
5. Jan rennt | sehr **sportlich**, | aber er **stürzt** | kurz vor dem Ziel. |
6. Der Tag | ist **spannend** | und wir haben | viel **Spaß**. |
7. Wir sind | **stolz**. | **Später** bekommen wir | eine Urkunde.

👥 **5** Was passiert Jan kurz vor dem Ziel?

✏️ **6** Schreibe mindestens vier Sätze aus dem Text
Das Sportfest ab.
Der Satz-Profi hilft dir dabei.

▶ Sätze abschreiben, S. 170

👥✏️ **7** Sind die Sätze richtig geschrieben? Überprüft zu zweit.

☆ **8** **a)** Lies die Wörter und Wortgruppen leise.

| beim Weit**sp**rung | ein Mit**sp**ieler | ge**st**ürzt |
| an**st**rengen | nach dem An**st**oß | auf**st**ehen |

b) Schreibe die Wörter und Wortgruppen in dein Heft ab.
c) An welcher Stelle im Wort stehen **sp** und **st**?
Markiere **sp** und **st**.

▶ Nachdenkwörter abschreiben, S. 168

☆ **9** Schreibe die Sätze ab. Markiere **sp** und **st**.

1. Anna musste sich | beim Weit**sp**rung | an**st**rengen. |
2. Ein Mit**sp**ieler rannte | nach dem An**st**oß | direkt zum Tor. |
3. Leo war ge**st**ürzt | und konnte | schnell | wieder auf**st**ehen.

▶ Sätze abschreiben, S. 170

Wörter mit Ver-/ver-

1 Was seht ihr auf dem Bild?

2 **a)** Lest die Wörter und Wortgruppen laut. ▶ 🖑 Audio

verschlafen
den lauten **Verkehr**
sie **verlässt**
verpassen

verwundet
die kleine **Verletzung**
einen frischen **Verband**
ein **verrückter** Tag

b) Schreibt die Wörter und Wortgruppen an die Tafel.
c) Sprecht die **blauen** Wörter Silbe für Silbe.

3 Schreibe die Wörter und Wortgruppen von der Tafel ab.
Der Wort-Profi hilft dir dabei.
Markiere **Ver-/ver-**.

▶ Merkwörter
abschreiben, S. 169

4 Hier gehören immer zwei Wörter zusammen.
a) Finde die Wortpaare.
  Schreibe sie in dein Heft.
b) Markiere **Ver-/ver-**.

der Verband   der Versuch   das Verbot   wir versuchen
der Verstand   wir verstehen   wir verschließen   der Verschluss
wir verbieten   wir verbinden

der (Ver)band – wir (ver)binden

Wörter mit Ver-/ver-

Mit Ver- und ver- können wir neue Wörter bilden.

5 **a)** Bildet neue Verben mit **ver-**. Schreibt sie an die Tafel.

→ wir packen • wir kaufen • wir sprechen • wir leihen • wir teilen

> **ver-** + packen
> → **ver**packen

b) Bildet neue Nomen mit **Ver-**. Schreibt sie an die Tafel.

→ der Schluss • die Packung • der Kauf • die Kleidung

> **Ver-** + der Schluss
> → der **Ver**schluss

c) Markiert **Ver-/ver-**.

6 Schreibe die Wörter von der Tafel ab. Markiere **Ver-/ver-**.

▶ Merkwörter abschreiben, S. 169

7 **a)** Lest den Text.
b) Wie beginnt der Tag von Luzie?

📖 Verschlafen

1 Luzie | hat **verschlafen**. |

2 Von draußen | hört sie | den lauten **Verkehr**. |

3 Sie beeilt sich | und **verlässt** schnell | die Wohnung. |

4 Sie will | den Bus zur Schule | nicht **verpassen**. |

5 Plötzlich | stolpert Luzie. | Ihr Knie | ist **verwundet**. |

6 Aber | die kleine **Verletzung** | ist nicht schlimm. |

7 In der Schule | gibt es | einen frischen **Verband**. |

8 Was für | ein **verrückter** Tag! |

8 Schreibe mindestens vier Sätze aus dem Text **Verschlafen** ab. Der Satz-Profi hilft dir dabei.

▶ Sätze abschreiben, S. 170

9 Sind die Sätze richtig geschrieben? Überprüft zu zweit.

Mit einem Arbeitsplan könnt ihr eure Arbeit organisieren.
Ihr sammelt und ordnet die Aufgaben.
Ihr erledigt alle Aufgaben pünktlich.

 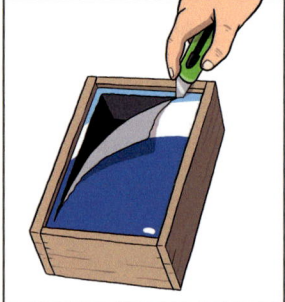 

> Wir wollen mindestens zehn Pflanztöpfe bauen!

> Welche Arbeitsschritte sind beim Bauen nötig?

> Welche Aufgaben müssen wir vor dem Bauen erledigen?

> Was müssen wir für den Schulbasar noch vorbereiten?

> Wie viel Zeit haben wir jeden Tag?

> Wir können einen Arbeitsplan erstellen.

1 Die Klasse 6 möchte Pflanztöpfe bauen und auf dem Schulbasar verkaufen.
   a) Wie viele Pflanztöpfe wollen die Kinder bauen?
   b) Warum möchten die Kinder einen Arbeitsplan erstellen?
   c) Was müssen die Kinder dafür wissen?

2 Habt ihr schon einmal einen Arbeitsplan erstellt? Wie habt ihr das gemacht?

Die Aufgaben ordnen

Die Kinder haben die Aufgaben gesammelt.
Sie möchten die Aufgaben ordnen.

für das Bauen Farbe und Leim kaufen

die kurzen Holzteile an den Enden mit Leim bestreichen

den Stand für den Schulbasar aufbauen

die Holzteile mit der Säge kürzen

die Länge der Holzteile markieren

für das Bauen Getränkekartons und altes Holz einsammeln

die Holzteile mit Schraubzwingen fixieren, einen Tag warten

oben in den Getränkekarton ein Loch schneiden

den Preis für den Verkauf berechnen

1 Schreibe die einzelnen Aufgaben auf Klebezettel.

2 Was müssen die Kinder nacheinander tun?
    a) Ordnet die Aufgaben. Nutzt dazu eure Klebezettel.
    b) Vergleicht eure Ergebnisse in der Klasse.

3 **a)** Einigt euch auf eine Reihenfolge.
    b) Nummeriert eure Klebezettel.

Ihr könnt mithilfe eurer Klebezettel einen Arbeitsplan erstellen.

Einen Arbeitsplan erstellen

**Die Kinder möchten ihre Arbeit
mit einem Arbeitsplan organisieren.**

> Wir können jeden Tag zwei Stunden
> an den Pflanztöpfen arbeiten.

> Am Freitag müssen
> die Pflanztöpfe fertig sein.

**Es gibt unterschiedliche Arbeitspläne.
Die Gruppe von Zahdi plant die Arbeit mit einem Wochenplan.**

> Mit einem Wochenplan
> sehe ich genau,
> was wann gemacht
> werden muss.

Montag	Dienstag	Mittwoch	Donnerstag	Freitag
– 1 für das Bauen Getränkekartons und altes Holz einsammeln	– ...	– ...	– ...	– ...
– 2 für das Bauen Farbe und Leim kaufen				
– 3 ...				

1 Wie können die Kinder die Aufgaben
auf die Wochentage verteilen?
Arbeitet in drei Schritten: allein – zu zweit – in der Klasse.
  a) Ordne deine Klebezettel so,
     dass alle Aufgaben am Freitag erledigt sind.
  b) Besprecht eure Ergebnisse zu zweit.
  c) Vergleicht eure Ergebnisse in der Klasse.

▶ Think – Pair – Share, S. 172

2 Schreibe den Wochenplan mit den Aufgaben auf.

▶ Eine Tabelle zeichnen, S. 175

3 Möchtest du den Plan selbst nutzen? Begründe.

Einen Arbeitsplan erstellen

Die Gruppe von Milena arbeitet mit einer Arbeitstafel.

> Mit einer Arbeitstafel sehe ich genau:
> Was müssen wir noch tun?
> Was tun wir gerade?
> Was haben wir schon erledigt?

Das müssen wir noch tun	Das tun wir gerade	Das haben wir erledigt
5 die kurzen Holzteile an den Enden mit Leim bestreichen	**3** die Länge der Holzteile markieren	**1** für das Bauen Getränkekartons und altes Holz einsammeln
6 die Holzteile mit Schraubzwingen fixieren, einen Tag warten	**4** die Holzteile mit der Säge kürzen	**2** für das Bauen Farbe und Leim kaufen

 4 **a)** Seht euch die Spalten genau an.
Lest auch die Überschriften.

b) Beantwortet die folgenden Fragen.
– Was muss die Gruppe noch tun?
– Was tut die Gruppe gerade?
– Was hat die Gruppe bereits erledigt?

5 Möchtest du den Plan selbst nutzen? Begründe.

Ihr habt zwei Arbeitspläne kennengelernt.

 6 **a)** Wie unterscheiden sich die zwei Arbeitspläne?
b) Welchen Arbeitsplan möchtest du lieber nutzen? Begründe.

Das Lernen organisieren
Ordnung im Heft halten

In der Schule und zu Hause ist Ordnung wichtig.
Ordnung ist auch in deinem Heft wichtig.

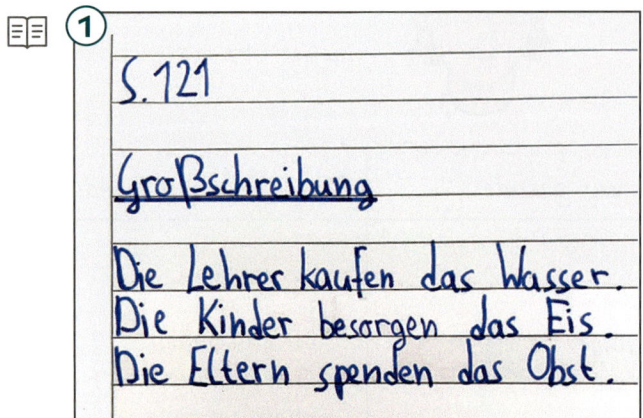

der Hefteintrag von Lisa   der Hefteintrag von Dan

1 Lisa und Dan suchen in ihren Heften.
    a) Zu welcher Aufgabe suchen sie ihr Ergebnis?
    b) Woran erkennt ihr das?

Dan findet sein Ergebnis schneller.

2 **a)** Warum findet Dan sein Ergebnis wohl schneller?
    b) Welche Angaben macht Dan in seinem Hefteintrag?
        Benennt sie.

→ die Überschrift oder das Thema, die Seite und die Aufgabe im Buch, das Ergebnis zu der Aufgabe, das Datum

3 Erstelle ein Muster in deinem Heft.
    a) Schreibe den Hefteintrag von Dan ab.
    b) Beschrifte den Hefteintrag.

4 Schreibe Tipps zu diesen Fragen auf:
    – Wie weit nutzt du die Schreibzeilen?
    – Was machst du, wenn du dich verschrieben hast?
    – Wo lässt du eine Zeile frei?
    – Was solltest du unterstreichen?

**Bei der Tastatur von einem PC stehen
auf einigen Tasten mehrere Zeichen.**

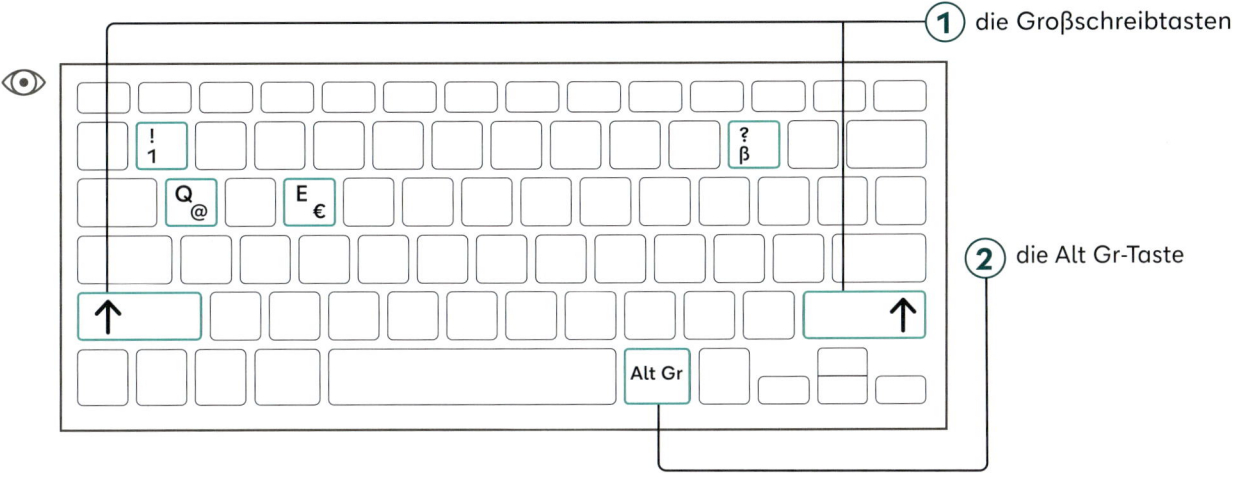

① die Großschreibtasten

② die Alt Gr-Taste

1 Auf einigen Tasten stehen Zeichen mit Buchstaben oder Zahlen.

2 So schreibe ich die Zeichen:

3 Mein Zeichen steht **über** einem Buchstaben oder einer Zahl:

4 Ich halte die **Großschreibtaste** gedrückt und tippe das Zeichen.

5 Mein Zeichen steht **rechts von** einem Buchstaben oder einer Zahl:

6 Ich halte die **Alt Gr-Taste** gedrückt und tippe das Zeichen.

1 Welche Taste musst du jeweils gedrückt halten,
um die Zeichen zu tippen?

2 Tayler vermisst seine Katze.
Schreibe die Suchanzeige mit dem PC ab.
Benutze die richtigen Tasten.

> *Wer hat meine Katze gesehen?*
> *Wer sie findet, bekommt 10 €.*
> *Meldet euch unter katze-gefunden@beispiel.de!*

Die Klasse 6 möchte ihren Klassenraum verschönern.
Die Kinder diskutieren im Klassenrat.

1 **a)** Welche Themen diskutiert ihr im Klassenrat?
b) Welche Aufgaben gibt es im Klassenrat?

Ihr hört aufmerksam zu, worüber die Klasse 6 im Klassenrat diskutiert.

2 Hört euch die Diskussion an.  Audio
In welcher Situation sind die Kinder?

Emre   Alina   Fatima   Leonid   Rosha

Fatima ist heute Vorsitzende des Klassenrats.
Sie leitet den Klassenrat.

3 **a)** Hört euch den Anfang vom Klassenrat an.  Audio
b) Worüber sprechen die Kinder?

→ die Gestaltung des Schulhofs • Pflanzen im Klassenraum •
Ziele für den Wandertag

Die Kinder sprechen über …

**Die Kinder sagen ihre Meinung. Sie nennen Gründe.
Zuerst sagen Emre und Alina ihre Meinung.**

 4 **a)** Hört euch an, was Emre und Alina sagen.

b) Welche Meinung haben Emre und Alina?

Emre und Alina sind ...

c) Welche Gründe nennen sie?
Schreibt die Gründe auf.

▶  Audio

→ • Die Luft im Klassenraum ist frischer.
  • Pflanzen machen unsere Klasse freundlicher.
  • Alle Pflanzen blühen das ganze Jahr über schön.

Dann sagen Leonid und Rosha ihre Meinung.

 5 **a)** Hört euch an, was Leonid und Rosha sagen.

b) Welche Meinung haben Leonid und Rosha?

Leonid und Rosha sind ...

c) Welche Gründe nennen sie?
Schreibt die Gründe auf.

▶  Audio

→ • Pflanzen machen Arbeit.
  • Pflanzen sind zu groß für unseren Klassenraum.
  • In den Ferien kann sich niemand darum kümmern.

 6 **a)** Hört euch die Diskussion noch einmal an.

b) Überprüft eure Ergebnisse
von den Aufgaben 3, 4 und 5.

▶  Audio

7 Stellt euch vor, ihr diskutiert im Klassenrat.
Seid ihr für oder gegen Pflanzen? Begründet.

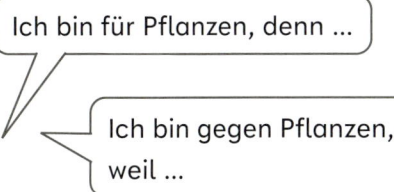

Ich bin für Pflanzen, denn ...

Ich bin gegen Pflanzen, weil ...

Das Lesen üben
Das Partnerlesen

**Ihr könnt einen Text besser verstehen,
wenn ihr gemeinsam daran arbeitet.
Ihr lest den folgenden Sachtext in Partnerarbeit.**

 ☐1 **Vor dem Lesen** ▶ Lese-Profi, S. 166

 ▶ Video

a) Ich lese die Überschrift.
Was könnte in dem Text stehen?
b) Ich sehe mir den ganzen Text an.
Wie viele Abschnitte hat er?

Medien nutzen ▶ Das Partnerlesen, S. 159

1 **Das sind Medien**
2 Viele **Menschen nutzen** jeden Tag **Medien**. Das sind
3 zum Beispiel Handys, Spielekonsolen und Tablets.
4 Aber auch Bücher und Zeitschriften sind Medien.

5 **Die Gründe für Mediennutzung**
6 Menschen nutzen Medien aus **mehreren Gründen**.
7 Sie können sich damit **informieren**, mit anderen
8 **in Kontakt bleiben** oder **spielen und Spaß haben**.

9 **Umfragen zur Mediennutzung**
10 Seit vielen Jahren untersuchen **Forschende**,
11 **wie** die Menschen Medien **genau** nutzen.
12 Jedes Jahr machen sie in ganz Deutschland
13 **eine Umfrage zur Mediennutzung**.

14 **Kinder nutzen Medien**
15 Auch **Kinder zwischen sechs und 13 Jahren** nehmen
16 jedes Jahr an der Umfrage teil. Ein **Ergebnis** aus
17 dem **Jahr 2022** war: 12- bis 13-jährige Kinder
18 verbrachten **fast sechs Stunden am Tag** mit Medien.

Das Partnerlesen

Ihr informiert euch darüber, wie Menschen Medien nutzen.
Ihr arbeitet gemeinsam an dem Text.

 1 Lest den Text gemeinsam in Partnerarbeit.

> **Das Partnerlesen**
>
> Wir **lesen** den Text **gemeinsam**, Abschnitt für Abschnitt.
> – **Ein Kind liest** den **ersten Abschnitt** vor.
>   **Das andere Kind hört** aufmerksam **zu**.
>   Es **stellt Fragen** zum Text.
> – **Wir sprechen** über den **Inhalt** und klären
>   **unbekannte Wörter** oder schwierige Textstellen.
> – Wir lesen den **ganzen Text**, **Abschnitt für Abschnitt**.
>
> Wir tauschen die Rollen nach jedem Abschnitt.

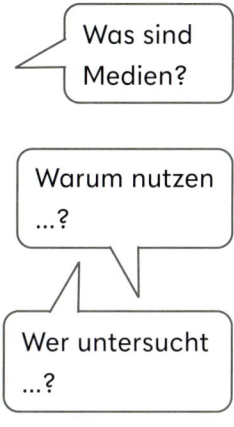

 2 Beantwortet die folgenden Fragen zum Text.
   – Was sind Medien?
   – Wozu kann man Medien nutzen?
   – Was machen Forschende jedes Jahr?
   – Was fanden die Forschenden im Jahr 2022 heraus?

Ihr habt einen Text in Partnerarbeit gelesen.

 3 Überlegt zum Schluss:
   – Was hilft euch beim Lesen?
   – Was könnt ihr jetzt?

→ Fragen zum Text stellen, über den Inhalt sprechen, unbekannte Wörter klären ...

 4 Macht in der Klasse selbst eine Umfrage.
   a) Stellt euch Fragen zu eurer Mediennutzung.
   b) Sprecht über eure Antworten:
      – Was fällt euch auf?
      – Was überrascht euch?

Welche Medien nutzt du?
Aus welchen Gründen ...?
Wie oft nutzt du die Medien?
Wie lange nutzt du ...?

Lese-Ecke
Eine Sage lesen

**Die folgende Sage erzählt,
wie ein besonderer Ort entstanden ist.
Der Ort ist ein See.**

 1 **Vor dem Lesen**

▶ Lese-Profi, S. 166

a) Ich sehe mir die Bilder an.
Was sagen mir die Bilder?
b) Ich lese die Überschrift.
Was könnte in der Sage stehen?
c) Ich sehe mir den ganzen Text an.
Welche **Schlüsselwörter** erkenne ich?

Die versunkene Stadt im Alpsee

1 In der Nähe von **Bühl am Alpsee**
2 gab es früher eine prächtige **Stadt**.
3 Um die Stadt herum lagen viele
4 schöne **Wiesen und Felder**.

5 Die Wiesen und Felder waren sehr **fruchtbar**.
6 Die Pflanzen wuchsen gut und trugen
7 viele Früchte. Die Menschen hatten
8 **immer genug Nahrung**.
9 Sie konnten sogar viele **Nahrungsmittel**
10 in großen Mengen **lagern**.

11 Die Menschen wurden deshalb
12 **leichtsinnig** und **verschwenderisch**.
13 Sie nutzten die Nahrungsmittel
14 beispielsweise auch zum Bauen.
15 Die Menschen **bauten** zum Beispiel
16 ihre **Kellertreppen** nicht aus Stein,
17 sondern **aus Käselaiben**.

¹⁸ Der **Leichtsinn** der Menschen wurde **bestraft**.

¹⁹ Eines Tages versanken die **Stadt und die Felder**

²⁰ **in der Tiefe**. So entstand der Alpsee.

²¹ Am **Seeufer** in der Nähe von Bühl am Alpsee

²² **findet man** noch **heute Ziegelsteine**.

²³ Sie **erinnern an** die versunkene **Stadt**.

²⁴ Man erzählt sogar, dass jemand einmal

²⁵ ein **Grundstück mit Mauern und Pfählen**

²⁶ am Grund des Sees sehen konnte.

²⁷ Das war aber im **Winter**,

²⁸ als der **See zugefroren** war. V   ▶  Quiz

 1 **a)** Was gab es früher in der Nähe von Bühl am Alpsee?

b) Warum wurden die Menschen dort verschwenderisch?

c) Wozu nutzten die Menschen die Nahrungsmittel?

d) Was passierte mit der Stadt und den Feldern?

**Die Sage erzählt von einem Ort, den es wirklich gibt.
Ihr untersucht die Sage.**

 2 **a)** Von welchem Ort erzählt die Sage?

b) Wo liegt der Ort?
Tipp: Ihr könnt den Ort im Internet finden
oder in einem Atlas nachschlagen.

▶ Informationen im
Internet finden, S. 174

▶  Video

 3 **a)** Was ist besonders an dem Ort?

b) Welche Erklärung gibt die Sage dafür?

Nicht alles, was in einer Sage erzählt wird, ist wahr.

 4 Was ist an der Sage wahr? Was ist wohl erfunden?

Eine Figur aus einem Buch kennen lernen

In dem folgenden Buchausschnitt lernt ihr Frieda kennen.

📖 **Mehr als ein Spiel**   *nach Sigrid Zeevart*

▶ Lese-Profi, S. 166

▶  Video

1 **Frieda** hatte es nicht eilig, nach Hause zu gehen.

2 Erstens hatte sie noch **Ferien** und zweitens **wartete**

3 **zu Hause niemand** auf sie. **Mama und Papa** kamen

4 erst gegen fünf Uhr von der Arbeit zurück.

5 Nur ihr **älterer Bruder Bastian** war vielleicht schon da.

6 Doch der wartete sicher nicht auf Frieda.

7 Bastian war **manchmal** sogar **richtig gemein** zu ihr. […]

8 Frieda seufzte. Sie **vermisste ihre Freundin Anna**,

9 die vor einer Woche nach Australien gezogen war.

10 Frieda **fühlte** wieder diesen **Stich in der Brust**.

11 Den bekam sie immer, wenn sie an ihre beste Freundin

12 dachte. Doch Anna war jetzt **für immer fort**. […]

13 So eine Freundin wie Anna fand Frieda

14 wahrscheinlich **nie mehr**. […] V

▶  Quiz

 3 **Nach dem Lesen**

 1 Was wisst ihr nun über Frieda?
Erstellt eine Mind-Map zu Frieda.

→ die Familie
die Freunde
die Gedanken und
Gefühle

> **Eine Mind-Map (Gedanken-Landkarte) erstellen**
>
> Mit einer Mind-Map kann ich **Informationen ordnen**.
> – Ich brauche ein Blatt **Papier** und einen **Stift**.
> – Ich schreibe in die **Mitte** vom Blatt das **Thema**.
> – Ich **kreise** das Thema **ein**.
> – Von der Mitte aus **zeichne** ich **Seitenarme**.
> – Ich ergänze auf den Seitenarmen **Oberbegriffe**.
> – Dann zeichne ich **weitere Seitenarme**.
> – Ich ordne passende Informationen oder Fragen zu.

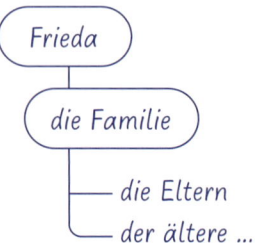

Frieda sah sich im Zimmer von Bastian um.
Sie entdeckte dort Bastians teures Fernglas.
Frieda nahm es mit auf die Straße.

15 „Suchst du etwas?", fragte plötzlich jemand

16 hinter Frieda. Erschrocken drehte sie sich um.

17 Ein **Junge** mit Kappe stand da und **grinste**.

18 „Nein", sagte Frieda schnell. „Ich gucke nur so."

19 „Ist das **dein Fernglas**?", fragte der Junge.

20 „**Sozusagen**."

21 „Nicht schlecht", murmelte er. [...] „Kannst du es

22 **mir leihen**? Du kriegst es auch bestimmt wieder zurück."

23 Er hob feierlich die Hand. „Ich halte, was ich verspreche."

24 Frieda sagte: „**Nein**, das **geht nicht**, **weil** ..."

25 Sie **zögerte**. „Wozu brauchst du es denn?"

26 „Das kann ich dir nicht sagen. Das ist **geheim**. [...]

27 Übrigens, **ich heiße Tom**", sagte der Junge.

28 „Und du?" [...] ⏹V

▶  Quiz

 2 **a)** Wen lernte Frieda auf der Straße kennen?
 b) Worüber sprachen die beiden?
 c) Warum zögerte Frieda am Ende?

Tom wollte sich das Fernglas leihen.
Aber das Fernglas gehörte Friedas Bruder.

3 Stellt euch vor, ihr wärt an Friedas Stelle.
Würdet ihr Tom das Fernglas leihen?
Arbeitet in drei Schritten: allein – zu zweit – in der Klasse.

▶ Think – Pair – Share,
S. 172

 a) Überlege zunächst allein.

▶  Hilfe

 b) Sprecht über eure Antworten. Begründet.

 c) Vergleicht eure Antworten in der Klasse.

> Ich würde Tom
> das Fernglas ..., weil ...

Eine Detektivgeschichte lesen

In der folgenden Detektivgeschichte helfen Sabrina und Mahmud ihrem Freund Dennis.

📖 Der Brötchendieb

► Lese-Profi, S. 166

►  Video

1 In der Schule herrscht große Aufregung.

2 Einige ältere Schüler verkaufen

3 immer in der Pause Brötchen am Kiosk.

4 Heute wurden Brötchen gestohlen!

5 Die Schüler vom Kiosk verdächtigen Dennis.

6 **Dennis sagt**: „Ich war es nicht!"

7 Sabrina und Mahmud möchten Dennis helfen.

8 Sie möchten herausfinden, wer der Dieb ist.

9 **Sabrina vermutet**: „Bestimmt wurden die Brötchen

10 vor der Pause gestohlen."

11 **Dennis sagt**: „Einer von uns muss den Kiosk beobachten."

12 **Mahmud schlägt vor**: „Mein Unterricht fängt morgen

13 ausnahmsweise erst nach der Pause an.

14 Ich kann mich vorher auf dem Schulhof verstecken und

15 den Kiosk beobachten."

►  Quiz

💬 **1** Warum herrscht in der Schule große Aufregung?

💬 **2** Lest vor, was Dennis, Sabrina und Mahmud sagen.
Denkt daran: Dennis ist verärgert.
Sabrina und Mahmud sprechen geheimnisvoll.

📖 **Am nächsten Morgen versteckt sich Mahmud auf dem Schulhof.**

16 Mahmud versteckt sich hinter einer Bank.

17 Niemand kann ihn sehen. Er beobachtet den Kiosk.

18 Die älteren Schüler legen die Brötchen auf ein Tablett.

19 Danach gehen sie zurück in ihre Klassen.

20 Der Hausmeister ist da. Er bewacht den Kiosk.

21 Dann geht er weg.

22 Er öffnet die Türen zum Schulhof. Gleich ist Pause.

23 Plötzlich läuft ein Hund über den Schulhof.

24 „Aber das ist doch Balu, der Hund vom Hausmeister!",

25 denkt Mahmud. Der Hund läuft zum Kiosk.

26 Er schnappt sich ein Brötchen und läuft schnell davon.

27 In der Pause erzählt Mahmud den anderen,

28 wer der Brötchendieb ist.

29 Dennis ist unschuldig. Die Kinder freuen sich.

30 Die älteren Schüler entschuldigen sich bei Dennis.

31 Nun wird der Kiosk immer bewacht.

32 Der Brötchendieb muss vor der Pause an die Leine.

▶  Quiz

📖 **2 Beim Lesen**

▶ Lese-Profi, S. 166

▶  Video

 3 a) Lest die Geschichte genau.
b) Wer ist der Brötchendieb?

 4 Die älteren Schüler entschuldigen sich bei Dennis.
Was sagen die Schüler wohl? Spielt das Gespräch.

 5 Dennis wurde zu Unrecht beschuldigt.
a) Ist euch das auch schon einmal passiert?
b) Was habt ihr dann getan?

Der Lese-Profi hilft mir beim Lesen und Verstehen von Texten.

 ▶ Video

1 Vor dem Lesen

a) Ich sehe mir die Bilder an.
Was sagen mir die Bilder?

b) Ich lese die Überschrift.
Was könnte in dem Text stehen?
Was kenne ich schon?

c) Ich sehe mir den ganzen Text an.
Was fällt mir auf?
– Abschnitte
– Schlüsselwörter

▶ Lese–Profi, S. 24–28, 34–35, 48, 56, 65, 66, 158, 160–161, 162, 164–165

2 Beim Lesen

a) Ich lese die **Schlüsselwörter**.
Was verraten mir die Schlüsselwörter?

b) Ich lese den Text einmal durch.
Was weiß ich jetzt?

c) Ich lese den Text genau.
Welche Wörter kenne ich nicht? Wo finde ich Erklärungen?
Was steht in den Abschnitten?
Was weiß ich nun über den ganzen Text?

3 Nach dem Lesen

a) Ich kann etwas zum Text aufschreiben.
Was finde ich wichtig?
Was soll ich tun?

b) Ich überlege zum Schluss:
Was habe ich gut gemacht?
Was nehme ich aus dem Text mit?

Der Schreib-Profi

 Der Schreib-Profi hilft mir beim Schreiben von Texten.

▶ 🖱 Video

1 Vor dem Schreiben

Ich plane meinen Text.

Für wen schreibe ich:
Schreibe ich für mich oder schreibe ich für andere?
Was für einen Text schreibe ich?
Worüber schreibe ich?

▶ Schreib–Profi,
  S. 72–76, 81–85, 89–92

2 Beim Schreiben

a) Ich sammele und ordne.
   Welche Wörter brauche ich?
   Was schreibe ich zuerst, was schreibe ich danach?
b) Ich schreibe den Text.
   Welche Hilfen nutze ich?

3 Nach dem Schreiben

a) Ich überprüfe meinen Text.
   Kann ich alles lesen und verstehen?
   Können andere alles lesen und verstehen?
b) Ich überarbeite meinen Text.
   Was möchte ich verbessern?
c) Ich überlege zum Schluss:
   Was habe ich gut gemacht?
   Was kann ich jetzt?

Abschreiben mit den Wort-Profis

So schreibe ich Mitsprechwörter ab:

▶ Mitsprechwörter, S. 108, 109, 114, 144–145

Mitsprechwörter abschreiben

1 Ich lese das Wort.

2 Ich spreche das Wort Silbe für Silbe.

3 **Ich höre** 👂, wie ich das Wort schreiben muss.

4 Ich decke **das Mitsprechwort** ab.

5 Ich spreche das Wort Silbe für Silbe und schreibe dabei.

6 Ich spreche das Wort und male **einen Bogen unter jede Silbe**.

7 Ich vergleiche.

8 Ich verbessere.

So schreibe ich Nachdenkwörter ab:

▶ Nachdenkwörter, S. 109, 110–113, 114, 116–117, 118–119, 146–147

Nachdenkwörter abschreiben

1 Ich lese das Wort.

2 Ich spreche das Wort Silbe für Silbe.

3 **Ich denke nach** 💭 und **erkläre**, wie ich das Wort schreiben muss.
   – Ich verlängere das Wort.
   – Ich suche ein verwandtes Wort.

4 Ich decke **das Nachdenkwort** zu.

5 Ich spreche das Wort Silbe für Silbe und schreibe dabei.

6 Ich schreibe in Klammern die **Erklärung**:
   das Kind (→ die Kinder), die Gräser (→ das Gras).

7 Ich vergleiche.

8 Ich verbessere.

Abschreiben mit den Wort-Profis

So schreibe ich Merkwörter ab:

▶ Merkwörter, S. 115,
148–149

Merkwörter abschreiben

1	Ich lese das Wort.
2	Ich spreche das Wort Silbe für Silbe.
3	**Ich merke mir** ❗ , wie ich das Wort schreiben muss.
4	Ich decke **das Merkwort** zu.
5	Ich spreche das Wort Silbe für Silbe und schreibe dabei.
6	Ich kreise **die Merkstelle** im Wort ein: *der B(ä)r, der Stu(h)l.*
7	Ich vergleiche.
8	Ich verbessere.

Abschreiben mit dem Satz-Profi

So schreibe ich Sätze ab:

▶ Sätze abschreiben, S. 104, 105, 106, 107, 113, 115, 117, 118, 119, 145, 147, 149

Sätze abschreiben

1 **Ich lese** den ersten Satz.

2 **Ich merke mir** die Wörter bis zum Strich genau.

3 Ich decke die Wörter ab.

4 **Ich schreibe** die Wörter auf.

5 **Ich vergleiche**. Ich streiche Fehlerwörter durch.

6 Ich schreibe die Wörter richtig über die Fehlerwörter.

7 Ich schreibe Teil für Teil so ab.

Beim Satz-Profi denke ich daran:
Ich schreibe nur in jede zweite Zeile.

Ich schreibe nur
in jede zweite Zeile.

Wir liegen im Gras.

Es ist warm.

Methoden zum gemeinsamen Lernen und Arbeiten

Mit einem Laufdiktat kann ich gut allein üben.

▶ Laufdiktat, S. 103, 107

Laufdiktat

- Ich gehe leise zu den Wörtern.
- Ich **lese** ein Wort und **merke** es mir.
- Ich gehe zurück zu meinem Platz.
  Dabei spreche ich mir das Wort leise und langsam vor.
- Ich **schreibe** das Wort in mein Heft.
- Ich **überprüfe**: Ist das Wort richtig geschrieben?
- Ich **verbessere**.

Mit einem Partnerdiktat können wir gut zu zweit üben.

▶ Partnerdiktat, S. 104, 105, 106, 109

Partnerdiktat

Ich **diktiere**:
- Ich lese das Wort laut.
- Ich spreche langsam und deutlich.

Ich **schreibe**:
- Ich höre genau zu.
- Ich schreibe das Wort Silbe für Silbe.

- Wir **überprüfen**: Ist das Wort richtig geschrieben?
- Wir **verbessern**.

Methoden zum gemeinsamen Lernen und Arbeiten

In drei Schritten können wir Aufgaben gemeinsam bearbeiten:
allein – zu zweit – in der Klasse.

▶ Think – Pair – Share, S. 11, 15, 23, 41, 49, 57, 71, 81, 88, 131, 152, 163

Think – Pair – Share

Schritt 1 – allein:
Ich erarbeite für mich Ergebnisse zu einer Frage,
zu einer Aufgabe oder zu einem Thema.

Schritt 2 – zu zweit:
Wir besprechen die Ergebnisse zu zweit oder
in einer Gruppe.

Schritt 3 – in der Klasse:
Wir sammeln die Ergebnisse in der Klasse.

In einem Kugellager können wir unsere Meinung äußern
und begründen.

▶ Kugellager, S. 13, 114

Kugellager

– Wir **bilden zwei Kreise**:
einen Innenkreis und einen Außenkreis.

– Der **Außenkreis beginnt**:
Die Kinder sagen ihre Meinung und begründen sie.

– Jetzt ist der **Innenkreis dran**:
Die Kinder sagen ihre Meinung und begründen sie.

– Nach einer Minute rücken die Kinder im Außenkreis
zwei Plätze nach rechts.

– Eine **neue Runde** beginnt.

Methoden zum gemeinsamen Lernen und Arbeiten

**Wir können einen Text besser verstehen,
wenn wir gemeinsam daran arbeiten.**

▶ Das Partnerlesen,
S. 59, 60, 158-159

Das Partnerlesen

Wir **lesen** den Text **gemeinsam**, Abschnitt für Abschnitt.
- **Ein Kind liest** den **ersten Abschnitt** vor.
  Das andere Kind hört aufmerksam **zu.**
  Es **stellt Fragen** zum Text.
- **Wir sprechen** über den **Inhalt** und klären
  unbekannte Wörter oder schwierige Textstellen.
- Wir lesen den **ganzen Text**, **Abschnitt für Abschnitt**.

Wir tauschen die Rollen nach jedem Abschnitt.

So kann ich unbekannte Wörter klären:

▶ Unbekannte Wörter
klären, S. 25, 28, 40

Unbekannte Wörter klären

Ich lese ein Wort, das ich nicht verstehe.
Ich will wissen, was das Wort bedeutet.
Das kann ich machen:
- Ich lese den Satz noch einmal. Ich versuche,
  das Wort aus dem Zusammenhang zu verstehen.
- Ich frage ein anderes Kind.
- Ich finde die Bedeutung des Wortes
  in einem Wörterbuch oder im Internet.
- Ich frage meine Lehrerin oder meinen Lehrer.

Methoden zum gemeinsamen Lernen und Arbeiten

Wenn ich mich über ein Thema informieren möchte, kann ich Informationen im Internet finden.

► 🖥 Video

► Informationen im Internet finden, S. 96–100, 161

Informationen im Internet finden

Ich verwende eine **Suchmaschine**
(z. B. www.fragfinn.de oder www.helles-koepfchen.de).

Ich gebe ein passendes **Suchwort** in das **Suchfeld** ein.
Ich kann auch Wortgruppen nutzen.

Ich sehe mir die **Suchergebnisse** an.
– Ich wähle ein Suchergebnis aus.
– Ich prüfe: Hilft mir das Suchergebnis?
– Ich lese den Text.
– Ich mache mir Notizen.

Ich kann auch **Bilder** im Internet finden.
Dann schreibe ich die **Quelle** auf: die Fotografin oder den Fotografen, die Internetseite.

Methoden zum gemeinsamen Lernen und Arbeiten

In einer Tabelle kann ich Informationen ordnen.

▶ Eine Tabelle zeichnen, S. 122, 123, 126, 140, 152

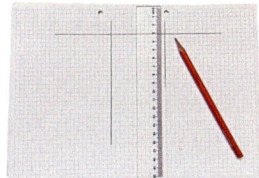

Eine Tabelle zeichnen

- Ich brauche ein kariertes Blatt **Papier**, einen **Bleistift** und ein **Lineal**.
- Ich lege das Blatt mit der langen Seite vor mich hin.
- Ich zeichne eine lange Linie. Das ist die **Zeile**.
- Ich teile die Zeile in gleich große Teile und zeichne Linien von oben nach unten. Das sind die **Spalten**.
- In jede Spalte schreibe ich eine Überschrift.

Mit einer Mind-Map kann ich Informationen ordnen.

▶ Eine Mind-Map erstellen, S. 57, 60, 162

Eine Mind-Map (Gedanken-Landkarte) erstellen

- Ich brauche ein Blatt **Papier** und einen **Stift**.
- Ich schreibe in die **Mitte** vom Blatt das **Thema**.
- Ich **kreise** das Thema **ein**.
- Von der Mitte aus **zeichne** ich **Seitenarme**.
- Ich ergänze auf den Seitenarmen **Oberbegriffe**.
- Dann zeichne ich **weitere Seitenarme**.
- Ich ordne passende Informationen oder Fragen zu.

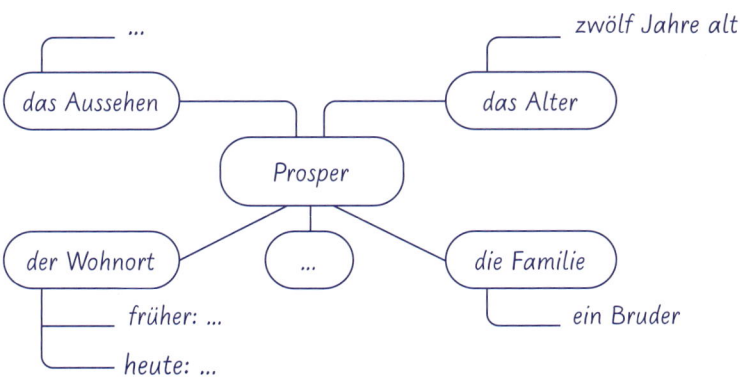

Methoden zum gemeinsamen Lernen und Arbeiten

Wenn wir andere über etwas informieren wollen, können wir ein Plakat gestalten.

▶ Ein Plakat gestalten, S. 28

Ein Plakat gestalten

- Wir **brauchen** ein großes Blatt **Papier** und dicke **Stifte**.
- Wir finden eine passende **Überschrift**.
- Wir entscheiden, welche **Informationen** oder Regeln wichtig sind.
- Wir **schreiben groß** und gut **lesbar**.

Ich kann für mich oder für andere ein Lapbook gestalten. Ein Lapbook ist eine Mappe mit Informationen und Bildern.

▶ Ein Lapbook gestalten, S. 61

Ein Lapbook gestalten

- Ich **brauche** ein großes Blatt **Papier**, **Stifte**, eine **Schere** und **Klebstoff**.
- Ich gestalte ein Lapbook. Ich **falte** und **schneide** das Papier **nach Anleitung**.
- Ich schreibe **wichtige Informationen** auf.
- Ich kann **Bilder malen** oder **aufkleben**.

Methoden zum gemeinsamen Lernen und Arbeiten

Notizen helfen mir beim Vortragen.

▶ Notizen machen, S. 20, 35

Notizen machen

– Ich **brauche Karteikarten** und einen **Stift**.
– Ich **schreibe** auf jede Karte **Wörter zum Thema**.
– Ich kann dazu auch Bilder malen.
– Ich **nummeriere** die Karten
  in der richtigen Reihenfolge.

1
– *Fahrrad-Werkstatt*
– *jeden Donnerstag,*
  15-18 Uhr
– *auf dem Schulhof*

2
– *Fahrräder reparieren*
– *zum Beispiel*
  Schläuche flicken
  und Kette ölen

Mit einem Cluster können wir unsere Ideen zu einem Thema sammeln.

▶ Einen Cluster anlegen, S. 71

Einen Cluster anlegen

– Wir nehmen ein Blatt **Papier**.
– Wir schreiben in die **Mitte** das **Thema**.
– Wir **kreisen** das Thema **ein**.
– Wir schreiben unsere **Ideen** zum Thema **rundherum**.
– Wir **verbinden** die Ideen **durch Striche**
  mit dem Thema.

Merkwissen:
Rechtschreiben und Grammatik

Buchstaben und Laute

a, e, i, o, u bringen Wörter zum Klingen.
a, e, i, o, u heißen **Vokale** (Selbstlaute).

Es gibt auch **Konsonanten** (Mitlaute), zum Beispiel b, f, m.

Manchmal sind **zwei Vokale** verbunden.
Auch **verbundene Vokale (Zwielaute)**
bringen Wörter zum Klingen:

ei au eu

Auch **Ä, ä, Ö, ö, Ü, ü** sind Vokale.
Wir nennen sie **Umlaute**.

Großschreibung

Einige Wörter schreiben wir **immer groß**.
Wir nennen sie **Nomen (Namenwörter):**

der Stand, das Mädchen, eine Tulpe.

Das erste Wort in einem Satz schreiben wir immer groß.
Nach einem Punkt, Fragezeichen oder Ausrufezeichen
schreiben wir immer groß.

Merkwissen:
Rechtschreiben und Grammatik

Zeichensetzung

Am Ende von einem Aussagesatz steht ein Punkt.
Heute scheint die Sonne.

Am Ende von einem Fragesatz steht ein Fragezeichen.
Was ist passiert? Geht es dir gut?

Am Ende von einem Aufforderungssatz oder von einem Ausrufesatz steht meistens ein Ausrufezeichen.
Achtung! Pass auf!

Wortart: Nomen

Diese Wörter sind **Nomen (Namenwörter)**:
Nomen benennen **Lebewesen** und **Gegenstände**:
der Fisch, das Kind, die Zimmerpflanze,
der Stuhl, das Buch, die Tür.

Manche Nomen benennen etwas, das wir uns **denken**:
der Tag, das Glück, die Zeit.

Daran erkenne ich ein Nomen (Namenwort):
Vor einem Nomen steht oft ein **Artikel (Begleiter)**:

der Korb, das Brot, die Frau,
ein Korb, ein Brot, eine Frau.

Merkwissen:
Rechtschreiben und Grammatik

Wortart: Pronomen

Die Wörter **ich**, **du**, **er**, **sie**, **es**, **wir**, **ihr**, **sie**
sind **Personalpronomen**.
Sie stehen für bestimmte Lebewesen oder Gegenstände:

Paul – er, das Kind – es, die Katze – sie,
der Schuh – er, das Buch – es, die Tafel – sie.

Possessivpronomen (besitzanzeigende Fürwörter)
sagen, wem etwas gehört:

mein Rucksack, dein Kissen, seine Tasche, ihre Stifte.

Wortart: Verb

Mit **Verben (Tuwörtern)** können wir sagen,
was wir und andere **tun**:

wir lach⟨en⟩, ich sing⟨e⟩, du mal⟨st⟩.

Wir verwenden Verben mit Personalpronomen:
ich, **du**, **er**, **sie**, **es**, **wir**, **ihr**, **sie**.
Dann verändern sich die Verben:

ich sing⟨e⟩, du lach⟨st⟩, ihr renn⟨t⟩.

Wortart: Adjektiv

> Mit **Adjektiven (Wiewörtern)** können wir etwas
> genauer **beschreiben**. Adjektive sagen, **wie** etwas ist:
>
> **klein, dünn.**

> Mit Adjektiven können wir etwas miteinander **vergleichen**:
>
> **so groß wie, größer als, am größten,**
> **so klein wie, kleiner als, am kleinsten.**

Satzglieder

> Ein Satz besteht aus verschiedenen Bausteinen.
> Diese Bausteine heißen **Satzglieder**.
> Wir können nach den Satzgliedern fragen: Wer? Was tut?

> Wörter, die beim Umstellen zusammenbleiben, bilden ein Satzglied.
> Ein Satzglied kann auch nur aus einem Wort bestehen.

Wörterliste

Wörterliste

Wörterliste

184

Wörterliste

	groß, größer, am größten	
	100, 106, 124, 125, 136, 137	
die	**Größe**, die Größen	98, 100
der	**Grund**, die Gründe	158
die	**Gruppe**, die Gruppen	26
der	**Gruß**, die Grüße	86, 89, 90, 92
Gu, gu	gucken	106
das	**Gulasch**, die Gulasche	102, 141
	gut, besser, am besten	106,
		108, 162
Gy, gy	das **Gyros**, die Gyros	141

H

Ha, ha	das **Haar**, die Haare	54, 56
	haben (er hat)	104
	halten (er hält)	71
der	**Hamburger**, die Hamburger	141
die	**Hand**, die Hände	111, 114
der	**Handball**, die Handbälle	111
der	**Handschuh**, die Handschuhe	111
das	**Handy**, die Handys	65, 129, 158
	hart, härter, am härtesten	27, 113
die	**Hauptstadt**, die Hauptstädte	
		98, 100
das	**Haus**, die Häuser	113, 114
die	**Haut**, die Häute	113
He, he	helfen (er hilft)	164
	hell, heller, am hellsten	144, 145
das	**Herz**, die Herzen	27, 67
	heulen	103
	heute	37, 57
Hi, hi	die **Hilfe**, die Hilfen	71
der	**Himbeerquark**,	
	die Himbeerquarks	141
der	**Himmel**, die Himmel	144, 145
Ho, ho	hoch, höher, am höchsten	
		100, 137
	hoffen	108, 134
	holen	50, 132, 139
das	**Holz**, die Hölzer	80
der	**Honig**	50, 127

der	**Honigkuchen**,	
	die Honigkuchen	141
	hören	66, 68, 134, 135
Hu, hu	der **Hund**, die Hunde	111, 165
der	**Hunger**	126
der	**Hut**, die Hüte	123
die	**Hütte**, die Hütten	144, 145

I

Id, id	die **Idee**, die Ideen	25, 71, 122
Ih, ih	ihr, ihre	128, 129
In, in	die **Information**,	
	die Informationen	28, 91, 96
	(sich) informieren	36, 158
das	**Internet**	95

J

Ja, ja	die **Jacke**, die Jacken	129
	das **Jahr**, die Jahre	24, 57, 158
Je, je	jede, jeden	20
	jemand	60
	jetzt	67
Ju, ju	der **Junge**, die Jungen	56, 163

K

Ka, ka	das **Kabel**, die Kabel	142
der	**Käfer**, die Käfer	115
	kalt, kälter, am kältesten	112, 114
der	**Kamm**, die Kämme	109
die	**Karotte**, die Karotten	107
die	**Karte**, die Karten	127
das	**Kartenspiel**, die Kartenspiele	139
die	**Kartoffel**, die Kartoffeln	107
der	**Kartoffelsalat**,	
	die Kartoffelsalate	141
der	**Käse**, die Käse	107, 115, 127
die	**Katze**, die Katzen	38, 40, 155
der	**Kauf**, die Käufe	149
	kaufen	107, 131, 133, 135, 149
Ke, ke	kein, keine	50

Wörterliste

		melden	11, 114
die	Melodie, die Melodien		139, 158
der	Mensch, die Menschen		50, 158
das	Messer, die Messer		108, 127, 142
Mi, mi	der	Milchreis	141
		mit	71, 102
		mitbringen (er bringt mit)	90
	der	Mitspieler, die Mitspieler	147
	die	Mitspielerin, die Mitspielerinnen	147
	der	Mittag, die Mittage	127
	der	Mittwoch, die Mittwoche	30, 152
Mo, mo		mögen (er mag)	58, 132, 143
	die	Möhre, die Möhren	115
	der	Mond, die Monde	111
	der	Montag, die Montage	152
		morgen	164
	der	Morgen, die Morgen	126
Mu, mu	der	Mund, die Münder	59, 60
		Musik (Unterrichtsfach)	142
	der	Muskel, die Muskeln	27
		müssen (er muss)	143–145
	der	Mut	76
		mutig, mutiger, am mutigsten	71, 73, 76
	die	Mutter, die Mütter	104, 129

N

Na, na		nach	147
	die	Nachricht, die Nachrichten	139
	die	Nacht, die Nächte	126
	der	Name, die Namen	37
Ne, ne		nehmen (er nimmt)	71, 76, 115, 143
		neu, neuer, am neuesten	103
		neugierig, neugieriger, am neugierigsten	31
		neun	103
Ni, ni		niedrig, niedriger, am niedrigsten	137
		niemand	65, 162
No, no		notieren	20

die	Notiz, die Notizen		20
der	November, die November		115
Nu, nu	die	Nudel, die Nudeln	102
	die	Nummer, die Nummern	144
		nun	82, 83
	die	Nuss, die Nüsse	109

O

Ob, ob	das	Obst	102, 121
	der	Obstsalat, die Obstsalate	141
Of, of	der	Ofen, die Öfen	142
		offen, offener, am offensten	108
Ol, ol		ölen	35
Or, or		ordnen	150, 151
		organisieren	150, 152
	der	Ort, die Orte	52, 99

P

Pa, pa		packen	105, 133, 134, 149
	die	Packung, die Packungen	149
	das	Paket, die Pakete	105
		passen	133
	die	Pause, die Pausen	18, 105, 127
Pf, pf		pfeifen	139
	die	Pflanze, die Pflanzen	143
Ph, ph		Physik (Unterrichtsfach)	142
Pi, pi	der	Pinsel, die Pinsel	79, 80, 83, 105
	die	Pizza, die Pizzas	102, 105
Pl, pl	das	Plakat, die Plakate	29, 105, 122, 123, 124
	der	Plan, die Pläne	122, 152, 153
		planen	32, 105, 134, 152
		plötzlich	66, 76
Pr, pr		probieren	105
	das	Programm, die Programme	125
Pu, pu	der	Pulli, die Pullis	108
	der	Punkt, die Punkte	120
		pünktlich, pünktlicher, am pünktlichsten	150
	die	Puppe, die Puppen	144
		putzen	105

Wörterliste

Q

Qu, qu	die	Quelle, die Quellen	99, 100

R

Ra, ra	das	Rad, die Räder	110, 114
		raten (er rät)	133
	das	Rätsel, die Rätsel	142
	der	Raum, die Räume	113
Re, re		reden	131
	das	Regal, die Regale	106
	der	Regen	32, 143
	der	Reifen, die Reifen	142
	die	Reise, die Reisen	44, 103
		reisen	44
		rennen	108, 144
		retten	40
Ri, ri		riechen	116, 117
	der	Riese, die Riesen	51
Ru, ru	der	Rucksack, die Rucksäcke	128, 129, 142
		rufen	75, 76
		rund, runder, am rundesten	110, 125, 136

S

Sa, sa	die	Sache, die Sachen	129
	die	Säge, die Sägen	79, 80
		sagen	42, 75, 135
	die	Sahne	115
	die	Salamipizza, die Salamipizzas	141
	der	Salat, die Salate	102
		sammeln	108, 150
	der	Samstag, die Samstage	31, 152
Sc, sc	das	Schaf, die Schafe	43, 134, 135
		scharf, schärfer, am schärfsten	113
		schaukeln	107
	die	Schere, die Scheren	83, 113
		schief, schiefer, am schiefsten	117
	das	Schiff, die Schiffe	48, 109

	das	Schild, die Schilde	125
		schlafen (er schläft)	130, 133, 134
	der	Schlafsack, die Schlafsäcke	126, 139
	die	Schlange, die Schlangen	44
	der	Schlauch, die Schläuche	20, 113
	der	Schlittschuh, die Schlittschuhe	70
		schmal, schmaler, am schmalsten	59, 136, 137
	der	Schmerz, die Schmerzen	27
	der	Schnee	50
		schneiden	80
		schnell, schneller, am schnellsten	109
		schön, schöner, am schönsten	124, 157
		schreiben	89, 103, 104, 114
	die	Schrift, die Schriften	121
	der	Schuh, die Schuhe	129
	die	Schule, die Schulen	125, 126
	die	Schüssel, die Schüsseln	122
		schwach, schwächer, am schwächsten	112
		schweigen	106
		schwer, schwerer, am schwersten	136, 137
	die	Schwester, die Schwestern	56
		schwimmen	109
Se, se		sechs	158
	der	See, die Seen	143, 161
		sehen (er sieht)	68, 131, 143
		sehr	115
		sein, seine	128
	die	Seite, die Seiten	154
	die	Sekunde, die Sekunden	67
	der	Sesamkringel, die Sesamkringel	141
	der	Sessel, die Sessel	108
Si, si	der	Sieg, die Siege	117
		siegen	116
		sitzen	84, 132

Wörterliste

So, so	der	Sohn, die Söhne	51, 56
		sollen	42, 144
	die	Sonne, die Sonnen	144, 145
	der	Sonntag, die Sonntage	152
Sp, sp		spannend, spannender, am spannendsten	125, 146
	der	Spaß, die Späße	118, 146, 147
		spät, später, am spätesten	146, 147
	der	Spatz, die Spatzen	40
	der	Spiegel, die Spiegel	106, 116, 118, 142
	das	Spiel, die Spiele	118, 122, 125
		spielen	116, 117, 118, 134, 138
	die	Spinne, die Spinnen	108, 118
		spitz, spitzer, am spitzesten	118
		Sport (Unterrichtsfach)	142
	das	Sportfest, die Sportfeste	146, 147
	die	Sporthalle, die Sporthallen	34, 126, 139
	der	Sportler, die Sportler	26, 27
	die	Sportlerin, die Sportlerinnen	26, 27
		sportlich, sportlicher, am sportlichsten	26, 146, 147
	die	Sprache, die Sprachen	98, 100, 146
		sprechen (er spricht)	11, 18, 118, 143, 149
		springen	131, 146, 147
	der	Sprung, die Sprünge	146
	der	Sprungturm, die Sprungtürme	146
St, st	der	Stab, die Stäbe	114, 146, 147
	das	Stadion, die Stadien	27, 146, 147
	die	Stadt, die Städte	97, 100, 142, 160, 161
		stark, stärker, am stärksten	51, 112, 114
	die	Station, die Stationen	146, 147
	der	Steckbrief, die Steckbriefe	64, 100
		stehen	76, 119, 133
		stehlen (er stiehlt)	58, 164

		steil, steiler, am steilsten	119
	der	Stein, die Steine	119, 146
		steinig, steiniger, am steinigsten	110, 146
	der	Stiefel, die Stiefel	116, 119
	der	Stiel, die Stiele	117
	der	Stift, die Stifte	79, 80, 83
	die	Stimme, die Stimmen	19, 48, 119
	der	Stoff, die Stoffe	109
		stolz, stolzer, am stolzesten	37, 146, 147
		strahlen	76
	die	Straße, die Straßen	60
	der	Strauch, die Sträucher	143
	der	Strauß, die Strauße	113
	die	Strecke, die Strecken	146, 147
		streiten	42, 43, 119
	der	Streuselkuchen, die Streuselkuchen	141
	der	Strumpf, die Strümpfe	119
	der	Stuhl, die Stühle	115, 123
	die	Stunde, die Stunden	65, 119, 158
	der	Sturm, die Stürme	119
		stürzen	146, 147
Su, su		suchen	96, 133, 135, 139
	die	Suppe, die Suppen	144

T

Ta, ta	der	Tag, die Tage	114, 133, 147, 149
	das	Tal, die Täler	66
		tanzen	34, 134, 138
	die	Tasche, die Taschen	125, 129
	die	Tasse, die Tassen	108, 144
	die	Taste, die Tasten	155
	die	Taube, die Tauben	104
Te, te		teilen	149
	das	Telefon, die Telefone	65
	der	Teller, die Teller	108, 114, 122
		teuer, teurer, am teuersten	103
	der	Text, die Texte	90, 121, 122

Wörterliste

	vorsichtig, vorsichtiger, am vorsichtigsten	71, 76, 110
	vortragen (er trägt vor)	20

W

Wa, wa	wachsen (er wächst)	160
	wahr, wahrer, am wahrsten	52, 53
	der Wald, die Wälder	46, 110, 111
	der Waldweg, die Waldwege	111
	die Wand, die Wände	111
	wandern	51
	der Wandertag, die Wandertage	110
	wann	20, 32, 33, 35, 144
	warm, wärmer, am wärmsten	112, 139
	warten	75, 80, 162
	was	20, 32, 33, 35
	das Wasser, die Wasser	121, 143
We, we	der Weg, die Wege	67, 106, 110
	weil	35, 157
	der Weitsprung, die Weitsprünge	147
	wenn	144
	die Werbung, die Werbungen	95
	werfen (er wirft)	51
	das Werkzeug, die Werkzeuge	35, 79
	das Wetter, die Wetter	108, 112, 127
Wi, wi	wichtig, wichtiger, am wichtigsten	32, 33, 110
	wieder	117
	die Wiese, die Wiesen	116, 117, 160
	wild, wilder, am wildesten	114
Wo, wo	wo	20, 32, 33, 35
	die Woche, die Wochen	74, 152
	der Wohnort, die Wohnorte	57
	die Wolke, die Wolken	66, 107, 143
	wollen (er will)	44, 109, 144
	das Wort, die Wörter	13, 14, 114
Wu, wu	der Würfel, die Würfel	125
	die Wurst, die Würste	121, 127
	wütend, wütender, am wütendsten	110, 111

X

Xy	das Xylofon, die Xylofone	140

Y

Ya	das Yak, die Yaks	140

Z

Za, za	die Zahl, die Zahlen	115, 155
Ze, ze	das Zeichen, die Zeichen	25, 142, 154
	zeigen	106, 131, 134
	die Zeile, die Zeilen	154
	die Zeit, die Zeiten	103, 126
	die Zeitschrift, die Zeitschriften	158
	der Zettel, die Zettel	108
Zi, zi	ziehen	116
	das Ziel, die Ziele	117
Zo, zo	zögern	163
	der Zopf, die Zöpfe	59
Zu, zu	zuerst	82, 83
	der Zug, die Züge	110, 111, 114
	die Zugfahrt, die Zugfahrten	111
	zuhören (er hört zu)	11, 15, 36
	zuletzt	82, 83
	zusammen	59, 108
Zw, zw	zwei	51, 56
	die Zwiebel, die Zwiebeln	116
	zwölf	56

Quellenverzeichnis

Textquellen

Reinhard Döhl: Apfel (S. 39; verändert). Aus: Konkrete Poesie. Hrsg.: Eugen Gomringer. Stuttgart (Reclam Verlag) 1972.

Cornelia Funke: Herr der Diebe (S. 55, 56, 58, 59, 60; veränderte Auszüge). Aus: Herr der Diebe. Ein Leseprojekt zu dem gleichnamigen Kinderbuch von Cornelia Funke. Berlin (Cornelsen Verlag) 2022, Klappentext, S. 4–7, 14, 37.

Anja Janotta: Klassenfahrt außer Kontrolle (S. 63, 64, 65, 66, 67; veränderte Auszüge). Aus: Klassenfahrt außer Kontrolle. Mit Illustrationen von Ulla Mersmeyer. Weinheim Basel (Gulliver) 2023, Klappentext, S. 7–11, 21–25.

Mira Lobe:
Die Walrosse (S. 39). Aus: Von Meerjungfrauen, Kapitänen & fliegenden Fischen. Geschichten und Gedichte rund ums Wasser. Hrsg.: Renate Raecke. Mit Bildern von Stefanie Harjes. Köln (Boje Verlag) 2012, S. 19.
Da fehlt etwas (S. 40; verändert). Aus: Das Sprachbastelbuch. Schreib deinen Namen auf: was reimt sich drauf? Hans Domengo u. a. Grafische Gesamtgestaltung: Gerri Zotter. Ravensburger Taschenbuch Band 398. (Ravensburger Buchverlag Otto Maier GmbH) 1984, S. 14.

Joachim Ringelnatz: Die Ameisen (S. 44; gekürzt und verändert). Aus: In Hamburg lebten zwei Ameisen und weitere Gedichte von Joachim Ringelnatz. Illustriert von Christine Sormann. 2. Auflage. Oldenburg (Lappan Verlag) 2014, S. 1.

Ronald Rothenburger: Schwimmnudel (S. 18; gekürzt). Aus: https://www.schule-und-familie.de/gedichte-fuer-kinder/sommergedichte (abgerufen am: 18.10.2024).

Frantz Wittkamp:
Kratze, Katze (S. 39). Aus: Überall und neben dir. Gedichte für Kinder und Erwachsene. Hrsg.: Hans-Joachim Gelberg. Weinheim Basel (Beltz & Gelberg) 2011, S. 41.
Warum sich Raben streiten (S. 42; gekürzt und verändert). Aus: Überall und neben dir. Gedichte für Kinder und Erwachsene. Hrsg.: Hans-Joachim Gelberg. Weinheim Basel (Beltz & Gelberg) 2011, S. 13.

Sigrid Zeevart: Mehr als ein Spiel (S. 162–163; veränderte Auszüge). Aus: Mehr als ein Spiel. Ein Leseprojekt zu dem gleichnamigen Kinderbuch von Sigrid Zeevart. Berlin (Cornelsen Verlag) 2024, S. 5–6, 14.

Unbekannter Verfasser: Freundlichkeit ist ein Bumerang … (S. 15; verändert). Aus: https://www.lesen.net/artikel/buddha-sprueche-200909/ (abgerufen am: 18.10.2024).

Unbekannter Verfasser: Zuhören ist eine Kunst … (S. 15). Aus: https://xn-sprache-zitate-yob.de/freunde-zuhoeren-sprueche/ (abgerufen am: 18.10.2024).

Unbekannter Verfasser: Der Riesenstein bei Heidelberg (S. 47 [A], S. 50; verändert). Aus: https://haidelberg.de/docs/riesenstein (abgerufen am: 18.10.2024).

Unbekannter Verfasser: Der Loreley-Felsen (S. 47 [B], S. 48; gekürzt und vereinfacht). Nach: Die Jungfrau von der Lorelei. Aus: https://www.labbe.de/Die-Jungfrau-von-der-Lorelei (abgerufen am: 18.10.2024).

Unbekannter Verfasser: Die Sage vom Honigstein (S. 47 [C], S. 50; gekürzt und vereinfacht). Nach: Die Sage vom Honigstein. Aus: Sagen der Oberlausitz, Nordböhmens und angrenzender Gebiete, Bd. 1, zusammengetragen von I. Neitzel und F. Nürnberger. Hrsg.: I. Neitzel. Waltersdorf (Oberlausitzer Verlag) 1990, S. 295.

Unbekannter Verfasser: Die versunkene Stadt im Alpsee (S. 160-161; gekürzt und vereinfacht). Nach: Versunkene Stadt im Alpsee. Aus: Karl Reiser: Sagen, Gebräuche und Sprichwörter des Allgäus, Bd. 1 (Volkskundliche Quellen. Neudrucke europäischer Texte und Untersuchungen, Reihe IV: Sage). Hildesheim-Zürich-New York (Georg Olms Verlag), 1993.